お寺参りが楽しくなる

奈良百寺巡礼

奈良まほろばソムリエの会

推薦のことば

奈良商工会議所　会頭　植野康夫

ＮＰＯ法人奈良まほろばソムリエの会は、奈良商工会議所が主催するご当地検定「奈良まほろばソムリエ検定」（奈良検定）において、最上級の「奈良まほろばソムリエ」に合格された皆さんを中心に組織された会です。いわば筋金入りの「奈良通」が集う会で、奈良商工会議所の公認団体です。

平成二十三年（二〇一一）に任意団体として発足し、二十五年（二〇一三）にＮＰＯ化。すでに会員数は約四百人に達し、奈良県内でも有数のＮＰＯ法人に成長されました。日頃は神社仏閣や史跡などのガイドや講演活動、文化財の保存・継承活動に注力されています。

このたび同会は三冊目の書籍として、本書を発刊されました。奈良検定に頻出する寺院を中心に、見開き二ページでわかりやすく紹介されています。

本書はこれから奈良県内の古刹・名刹にお参りしようという方への格好の手引きになることはもちろん、奈良検定にチャレンジしようという方にも必読の参考書となることでしょう。全国の皆さんに本書をお読みいただき、多くの方に奈良の寺院をお参りいただくとともに、ぜひ「奈良ファン」になっていただきたいと願っております。

平成三十一年二月吉日

「奈良まほろばソムリエ検定」（奈良検定）
奈良商工会議所が主催する奈良県のご当地検定。奈良ファンや奈良に精通した人材を認定する。出題範囲は歴史、自然、神社仏閣、史跡・名所、年中行事、伝統文化、伝統工芸、観光見所など。「奈良通二級」「奈良通一級」「奈良まほろばソムリエ」の三つの級がある。

まえがき

和辻哲郎の名著『古寺巡礼』はご存じと思います。同書が出版されたのは大正八年(一九一九)で著者が三十歳のとき。前年に友人たちと奈良を旅した感想をまとめたものです。現在岩波文庫から刊行されている昭和二十一年(一九四六)の改訂版だけでも、昨年二月で六十三刷を重ねているロングセラーで、奈良の古寺巡りのバイブルとなっています。

同書が名著である理由は「古寺や仏像を拝観して何かを語る」というスタイルを作り出した点にあるといわれています。今年は同書の発刊から百周年にあたります。この記念の年に奈良まほろばソムリエの会では、『奈良百寺巡礼』を企画しました。

『古寺巡礼』には著名な寺や仏像が取り上げられていますが、奈良県内とその周辺には、同書では取り上げられなかった魅力ある寺や仏像がまだまだあります。そういう古刹・名刹から百寺あまりを選び、皆さんに紹介しようと思い立ちました。

皆さんがお寺をお参りする理由は何でしょうか。何かをお祈りするためでしょうか、ご本尊をはじめとする仏像を拝観するためでしょうか。

今回紹介するお寺は仏像はもちろん、それ以外にもさまざまな魅力にあふれています。寺をめぐる歴史や伝承、本堂や塔をはじめとする建造物、四季おりおりに彩りを与える花々、めずらしい伝統行事などなど。それらを当会の会員有志がテーマを絞って綴りました。網羅的なガイドブックではありませんので十分には描き切れていませんが、それは実際に訪れていただき、皆さんに発見して補っていただきたいと思います。

最近気になるのは、ご朱印をいただくことや仏像を拝観することに一生懸命で、お寺が信仰の場であることを忘れているのでは、ということです。お寺をお参りしたときには、まずはご本尊や仏さまに手を合わせるところから始めていただきたい、お寺の門を出るときも、一礼してお別れしていただきたいと思います。そうすることで皆さんの心構えも、少し違ったものになると思います。

和辻哲郎の名著には及びもつきませんが、ぜひ本書を片手に、お寺をお参りしてください。

ＮＰＯ法人奈良まほろばソムリエの会理事　石田一雄

目次

生駒・斑鳩

葛城・香芝・御所

五條・吉野

京都府南部

あ

阿吽寺（あうんじ） 212
秋篠寺（あきしのでら） 72
飛鳥寺（あすかでら） 182
阿日寺（あにちじ） 196
安倍文殊院（あべもんじゅいん） 152
安楽寺（あんらくじ） 214

い

石位寺（いしいでら） 148
威徳院（いとくいん） 186

う

内山永久寺跡（うちやまえいきゅうじあと） 140

え

永慶寺（えいけいじ） 120
榮山寺（えいさんじ） 218
円照寺（えんしょうじ） 210
円成寺（えんじょうじ） 92

お

王龍寺（おうりゅうじ） 80
大野寺（おおのじ） 166
大峯山寺（おおみねさんじ） 244
岡寺（おかでら） 178
帯解寺（おびとけでら） 84
おふさ観音（おふさかんのん） 172

か

海住山寺（かいじゅうせんじ） 256
戒長寺（かいちょうじ） 162
海龍王寺（かいりゅうおうじ） 68
額安寺（かくあんじ） 132
笠置寺（かさぎでら） 258
願行寺（がんぎょうじ） 236
元興寺（がんごうじ） 44
岩船寺（がんせんじ） 254
観音寺（かんのんじ） 156

き

喜光寺（きこうじ） 76
吉田寺（きちでんじ） 116
吉祥草寺（きっしょうそうじ） 208
金峯山寺（きんぷせんじ） 228

く

百済寺（くだらでら） 198
弘福寺（ぐふくじ）（川原寺跡） 180

け

毛原廃寺（けはらはいじ） 96

こ

弘仁寺（こうにんじ） 60
興福寺（こうふくじ） 36
極楽寺（ごくらくじ） 118
五劫院（ごこういん） 34
金剛寺（こんごうじ）（五條市） 220
金剛寺（こんごうじ）（川上村） 248

さ
西大寺(さいだいじ) 70
櫻井寺(さくらいじ) 222
三松寺(さんしょうじ) 90
し
慈光院(じこういん) 130
十輪院(じゅうりんいん) 48
春岳院(しゅんがくいん) 122
淨教寺(じょうきょうじ) 40
常光寺(じょうこうじ) 74
浄照寺(じょうしょうじ) 136
稱念寺(しょうねんじ) 174
称名寺(しょうみょうじ) 38
正暦寺(しょうりゃくじ) 62
聖林寺(しょうりんじ) 150
浄瑠璃寺(じょうるりじ) 252
生蓮寺(しょうれんじ) 224
新薬師寺(しんやくしじ) 54
せ
青蓮寺(せいれんじ) 168
石光寺(せっこうじ) 204
世尊寺(せそんじ)(比曽寺跡) 238
千光寺(せんこうじ) 104
船宿寺(せんしゅくじ) 206
専立寺(せんりゅうじ) 200
た
大安寺(だいあんじ) 82
大願寺(だいがんじ) 170
當麻寺(たいまでら) 202
橘寺(たちばなでら) 184
達磨寺(だるまじ) 192
ち
竹林院(ちくりんいん) 232
竹林寺(ちくりんじ) 102
中宮寺(ちゅうぐうじ) 110
長岳寺(ちょうがくじ) 142
長弓寺(ちょうきゅうじ) 100
朝護孫子寺(ちょうごそんしじ) 106
つ
壷阪寺(つぼさかでら) 190
て
伝香寺(でんこうじ) 42
転法輪寺(てんぽうりんじ) 216
と
唐招提寺(とうしょうだいじ) 88
東大寺(とうだいじ) 32
東明寺(とうみょうじ) 126
徳融寺(とくゆうじ) 50
に
如意輪寺(にょいりんじ) 230
尼寺廃寺跡(にんじはいじあと) 194

ね
念仏寺（ねんぶつじ）226
は
長谷寺（はせでら）146
般若寺（はんにゃじ）30
ひ
檜隈寺跡（ひのくまでらあと）188
白毫寺（びゃくごうじ）58
平等寺（びょうどうじ）144
ふ
補厳寺（ふがんじ）138
富貴寺（ふきじ）134
不空院（ふくういん）56
福源寺（ふくげんじ）246
福智院（ふくちいん）46
不退寺（ふたいじ）64
佛隆寺（ぶつりゅうじ）160
ほ
鳳閣寺（ほうかくじ）240
法起寺（ほうきじ）114
宝山寺（ほうざんじ）98
芳徳寺（ほうとくじ）94
法隆寺（ほうりゅうじ）108
法輪寺（ほうりんじ）112
法華寺（ほっけじ）66
本善寺（ほんぜんじ）234
ま
松尾寺（まつおでら）128
み
妙楽寺跡（みょうらくじあと）（談山神社）158
む
室生寺（むろうじ）164
も
本薬師寺跡（もとやくしじあと）176
や
薬師寺（やくしじ）86
矢田寺（やたでら）（金剛山寺）124
山田寺跡（やまだでらあと）154
り
龍泉寺（りゅうせんじ）242
瀧川寺（りゅうせんじ）250
霊山寺（りょうせんじ）78
れ
璉城寺（れんじょうじ）52

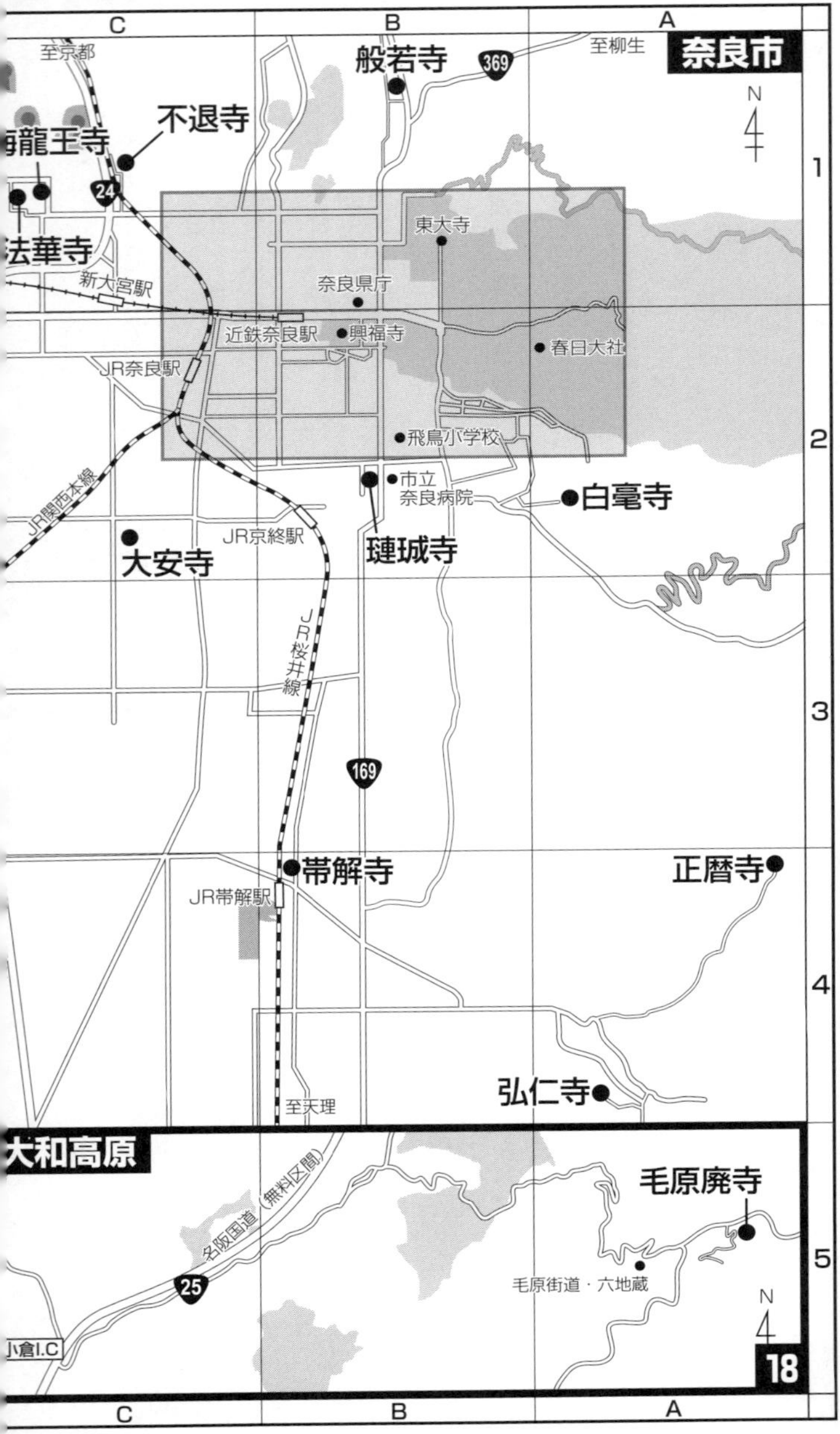

奈良市
C
B
A
至京都
般若寺
369
至柳生
不退寺
龍王寺
24
法華寺
東大寺
新大宮駅
奈良県庁
近鉄奈良駅
興福寺
春日大社
JR奈良駅
飛鳥小学校
JR関西本線
市立
奈良病院
白毫寺
JR京終駅
璉珹寺
大安寺
JR桜井線
169
帯解寺
正暦寺
JR帯解駅
弘仁寺
至天理
大和高原
名阪国道（無料区間）
毛原廃寺
毛原街道・六地蔵
25
小倉I.C
1
2
3
4
5
N

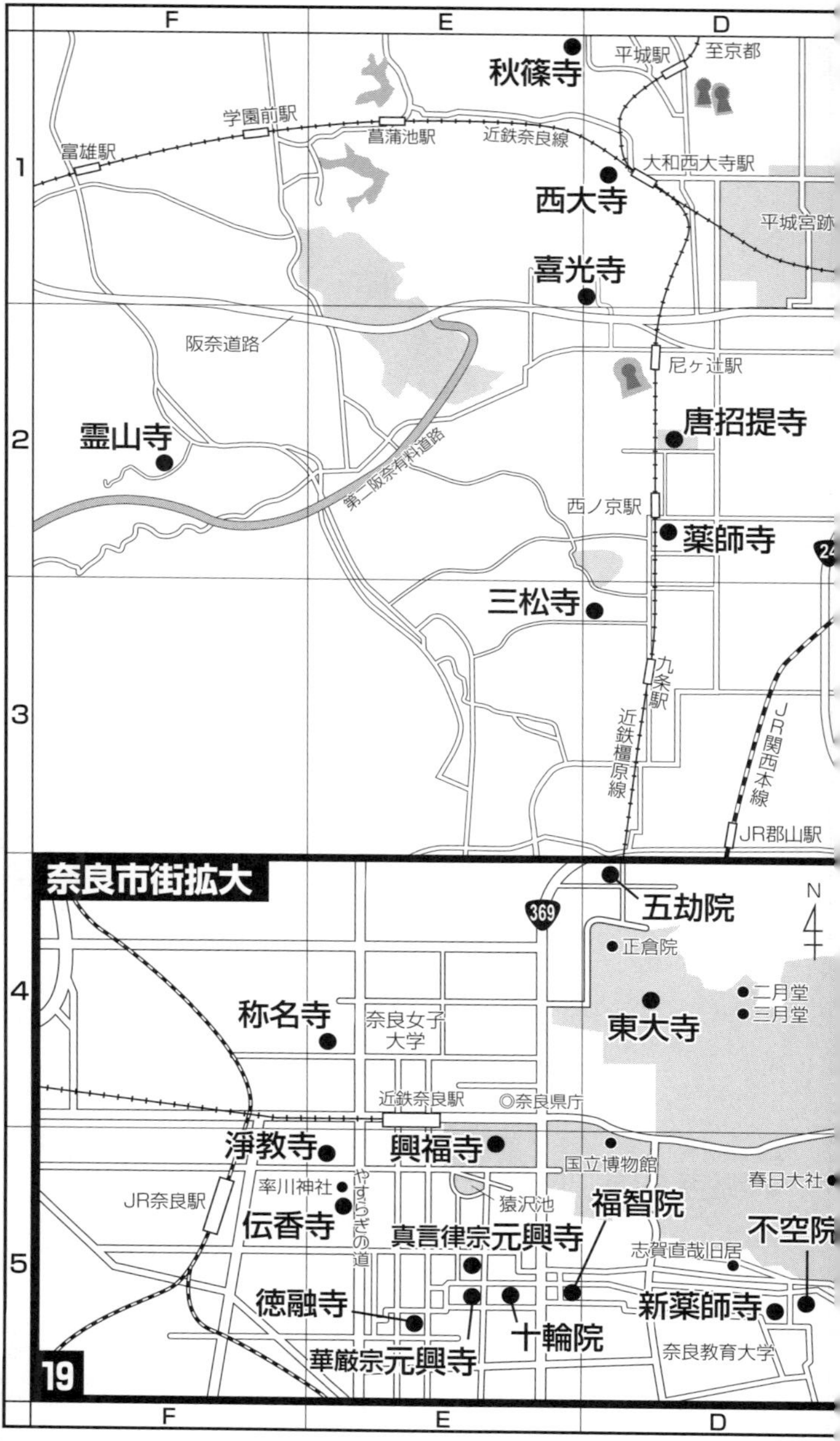

F
E
D
1
2
3
4
5
秋篠寺
平城駅
至京都
学園前駅
菖蒲池駅
近鉄奈良線
富雄駅
大和西大寺駅
西大寺
平城宮跡
喜光寺
阪奈道路
尼ヶ辻駅
唐招提寺
霊山寺
第二阪奈有料道路
西ノ京駅
薬師寺
三松寺
九条駅
近鉄橿原線
JR関西本線
JR郡山駅
奈良市街拡大
五劫院
369
N
正倉院
二月堂
三月堂
東大寺
称名寺
奈良女子大学
近鉄奈良駅
◎奈良県庁
浄教寺
興福寺
国立博物館
率川神社
やすらぎの道
春日大社
JR奈良駅
猿沢池
福智院
伝香寺
不空院
真言律宗元興寺
志賀直哉旧居
徳融寺
新薬師寺
十輪院
奈良教育大学
華厳宗元興寺
19

生駒・斑鳩・奈良

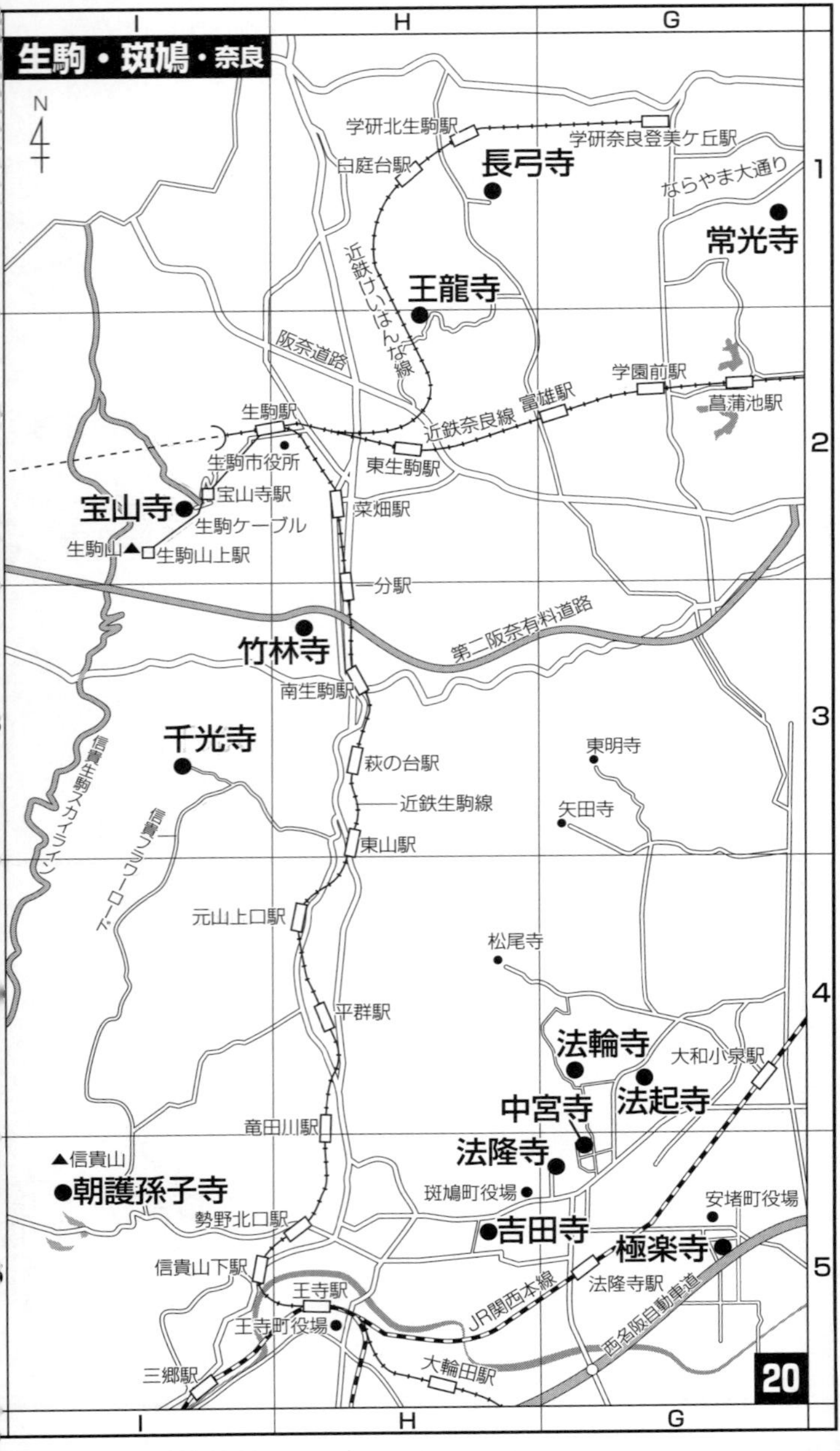

I
H
G
N
学研北生駒駅
学研奈良登美ケ丘駅
白庭台駅
長弓寺
ならやま大通り
1
常光寺
近鉄けいはんな線
王龍寺
阪奈道路
学園前駅
菖蒲池駅
生駒駅
富雄駅
近鉄奈良線
2
生駒市役所
東生駒駅
宝山寺駅
宝山寺
菜畑駅
生駒ケーブル
生駒山
生駒山上駅
一分駅
第二阪奈有料道路
竹林寺
南生駒駅
3
千光寺
東明寺
萩の台駅
信貴生駒スカイライン
近鉄生駒線
信貴フラワーロード
矢田寺
東山駅
元山上口駅
松尾寺
4
平群駅
法輪寺
大和小泉駅
法起寺
中宮寺
竜田川駅
法隆寺
信貴山
朝護孫子寺
斑鳩町役場
安堵町役場
勢野北口駅
吉田寺
極楽寺
信貴山下駅
5
王寺駅
JR関西本線
法隆寺駅
西名阪自動車道
王寺町役場
大輪田駅
三郷駅
I
H
G

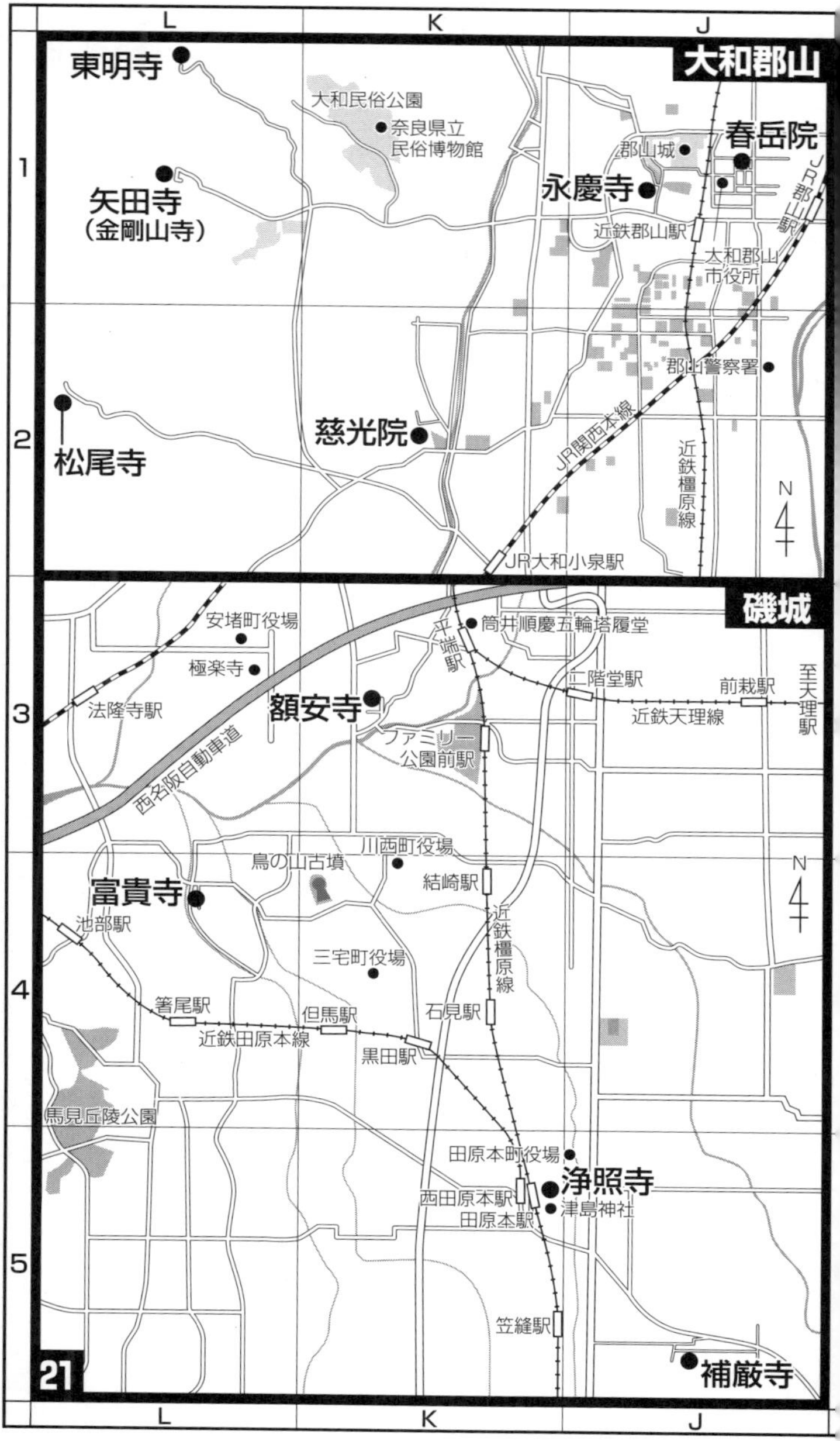
大和郡山
東明寺
大和民俗公園
奈良県立
民俗博物館
春岳院
郡山城
永慶寺
JR郡山駅
矢田寺
（金剛山寺）
近鉄郡山駅
大和郡山
市役所
郡山警察署
松尾寺
慈光院
JR関西本線
近鉄橿原線
JR大和小泉駅
磯城
安堵町役場
極楽寺
筒井順慶五輪塔履堂
平端駅
法隆寺駅
額安寺
二階堂駅
前栽駅
至天理駅
近鉄天理線
ファミリー
公園前駅
西名阪自動車道
川西町役場
鳥の山古墳
結崎駅
富貴寺
池部駅
近鉄橿原線
三宅町役場
箸尾駅
但馬駅
石見駅
近鉄田原本線
黒田駅
馬見丘陵公園
田原本町役場
浄照寺
西田原本駅
津島神社
田原本駅
笠縫駅
補厳寺
N
L
K
J
1
2
3
4
5

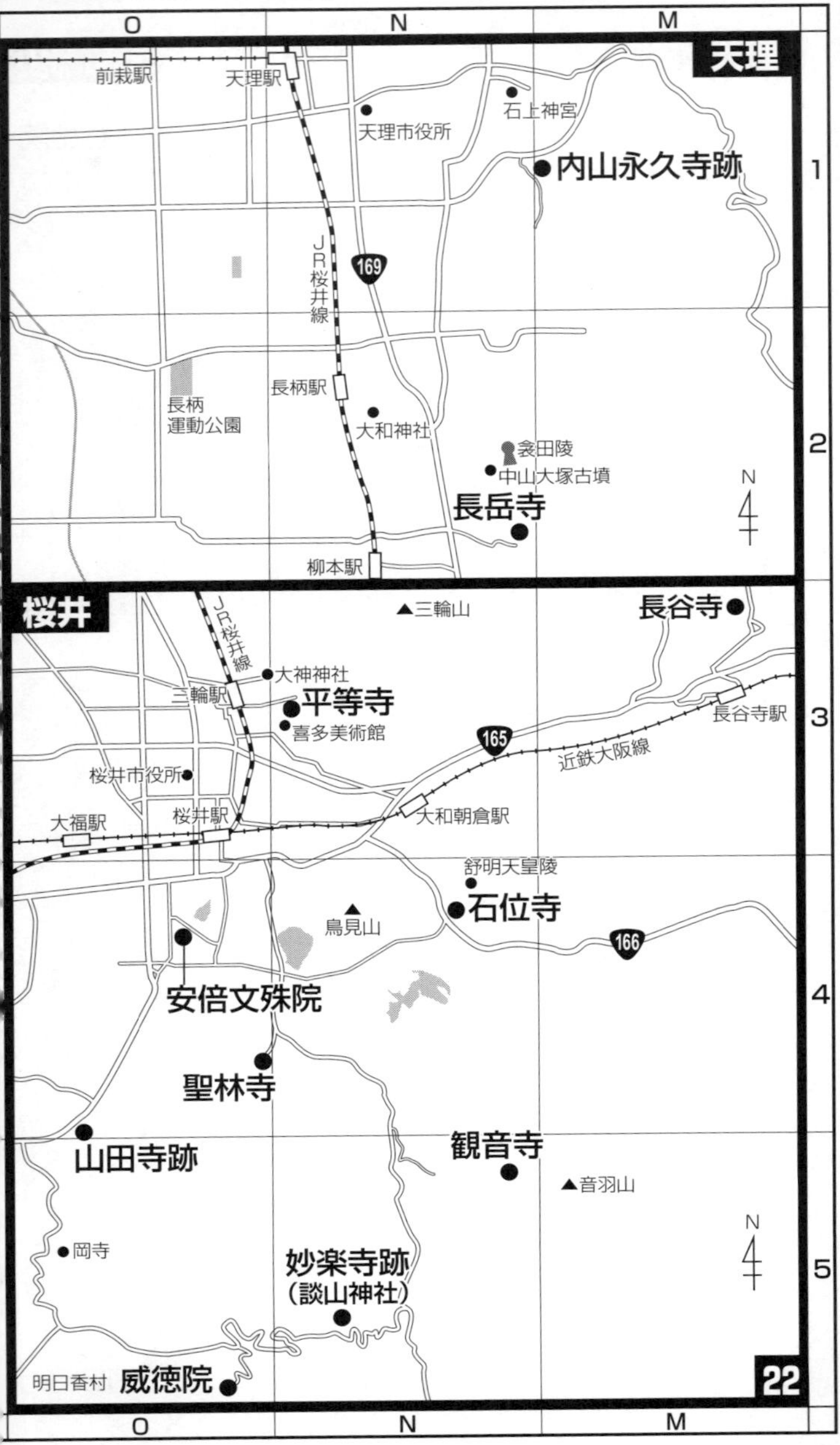

O
N
M
天理
前栽駅
天理駅
石上神宮
天理市役所
内山永久寺跡
1
JR桜井線
169
長柄駅
長柄
運動公園
大和神社
衾田陵
中山大塚古墳
2
長岳寺
N
柳本駅
桜井
JR桜井線
三輪山
長谷寺
大神神社
三輪駅
平等寺
喜多美術館
長谷寺駅
3
165
近鉄大阪線
桜井市役所
大福駅
桜井駅
大和朝倉駅
舒明天皇陵
石位寺
鳥見山
166
安倍文殊院
4
聖林寺
山田寺跡
観音寺
音羽山
N
岡寺
妙楽寺跡
（談山神社）
5
明日香村
威徳院
O
N
M

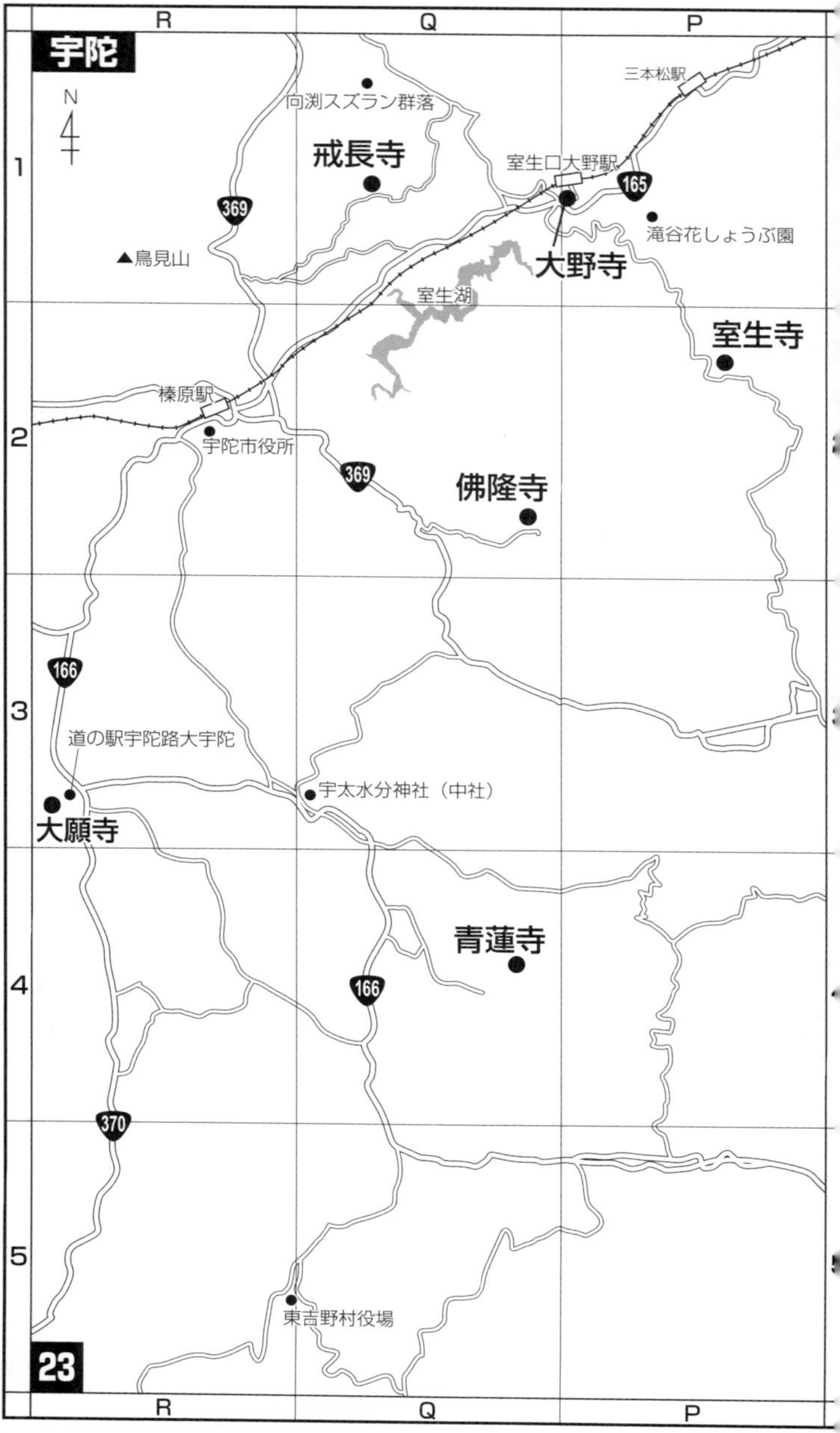
宇陀
R
Q
P
N
1
2
3
4
5
向渕スズラン群落
戒長寺
三本松駅
室生口大野駅
165
369
滝谷花しょうぶ園
鳥見山
大野寺
室生湖
室生寺
榛原駅
宇陀市役所
369
佛隆寺
166
道の駅宇陀路大宇陀
宇太水分神社（中社）
大願寺
青蓮寺
166
370
東吉野村役場
R
Q
P

U
T
S
橿原
八木西口駅
稱念寺
畝傍駅
JR桜井線
1
おふさ観音
藤原宮跡
近鉄橿原線
神武天皇陵
天香久山
畝傍山
畝傍御陵前駅
本薬師寺跡
2
明日香
飛鳥寺
橿原神宮前駅
甘樫丘
奈良県立万葉文化館
酒船石
明日香村役場
弘福寺
（川原寺跡）
飛鳥宮跡
岡寺
岡寺駅
橘寺
3
石舞台古墳
飛鳥駅
高松塚古墳
近鉄吉野線
檜隈寺跡
キトラ古墳
高取町役場
壺阪山駅
4
169
高取山
5
高取城跡
壷阪寺
U
T
S

X
W
V
1
2
3
4
5
葛城(香芝)
JR和歌山線
168
畠田駅
西名阪自動車道
尼寺廃寺跡
葛城(王寺)
王寺駅
王寺町役場
達磨寺
168
葛城(中部)
香芝駅
近鉄下田駅
広陵町役場
百済寺
阿日寺
狐井城山古墳
五位堂駅
近鉄大阪線
二上神社口駅
JR五位堂駅
石光寺
築山駅
JR和歌山線
近鉄南大阪線
大和高田駅
松塚駅
当麻寺駅
専立寺
高田駅
當麻寺
葛城(御所)
近鉄御所駅
御所駅
葛城登山口駅
御所市役所
葛城山上駅
葛城山ロープウェイ
▲葛城山
九品寺
円照寺
吉祥草寺
京奈和自動車道
安楽寺
24
新宮山古墳
阿吽寺
転法輪寺
▲金剛山
吉野口駅
船宿寺
金剛山駅
金剛山ロープウェイ
水泥南古墳
X
W
V

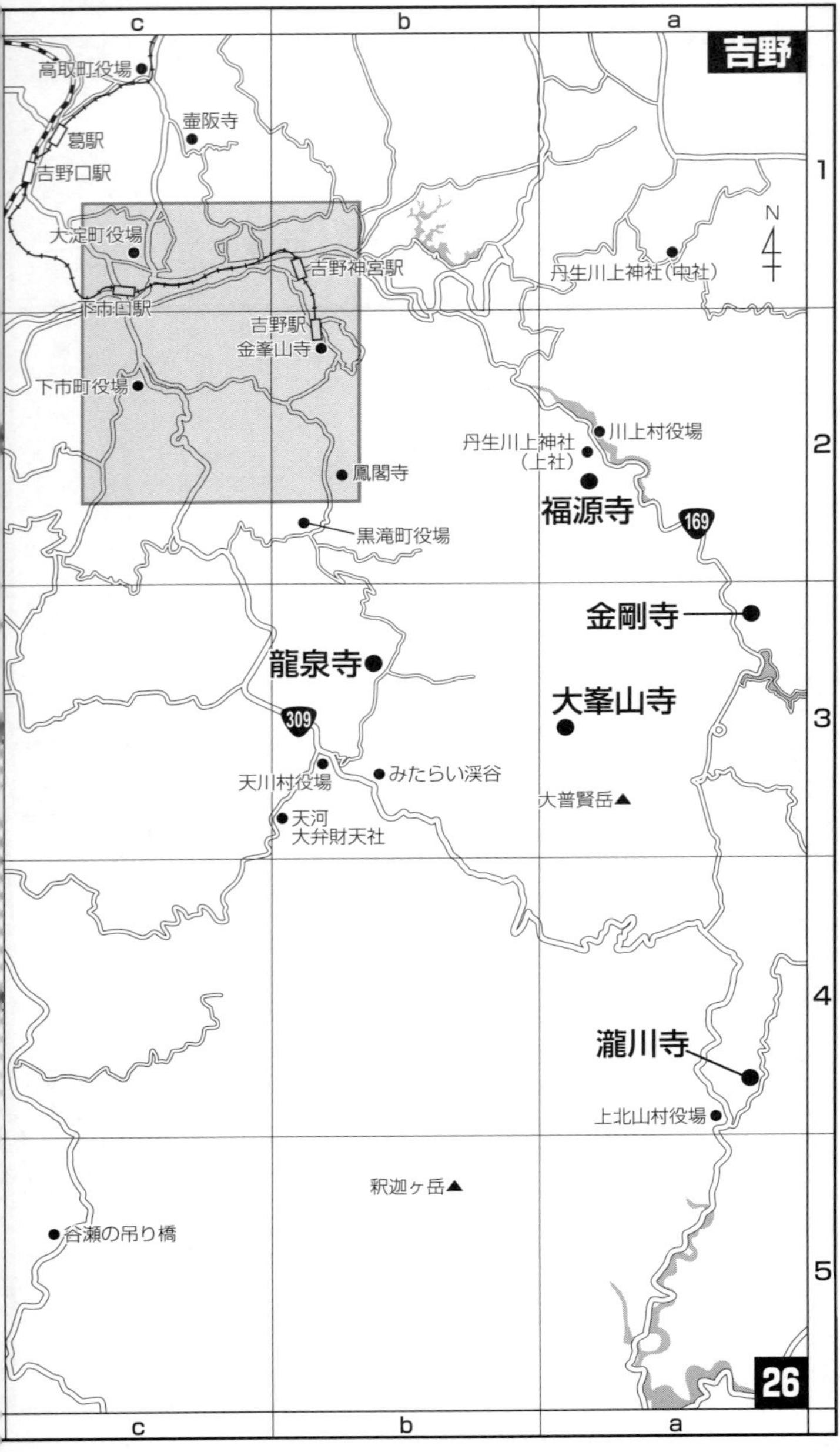
c
b
a
1
2
3
4
5
N
高取町役場
壷阪寺
葛駅
吉野口駅
大淀町役場
吉野神宮駅
下市口駅
吉野駅
金峯山寺
下市町役場
鳳閣寺
黒滝町役場
丹生川上神社（中社）
川上村役場
丹生川上神社
（上社）
福源寺
169
金剛寺
龍泉寺
大峯山寺
309
天川村役場
みたらい渓谷
大普賢岳
天河
大弁財天社
瀧川寺
上北山村役場
釈迦ヶ岳
谷瀬の吊り橋

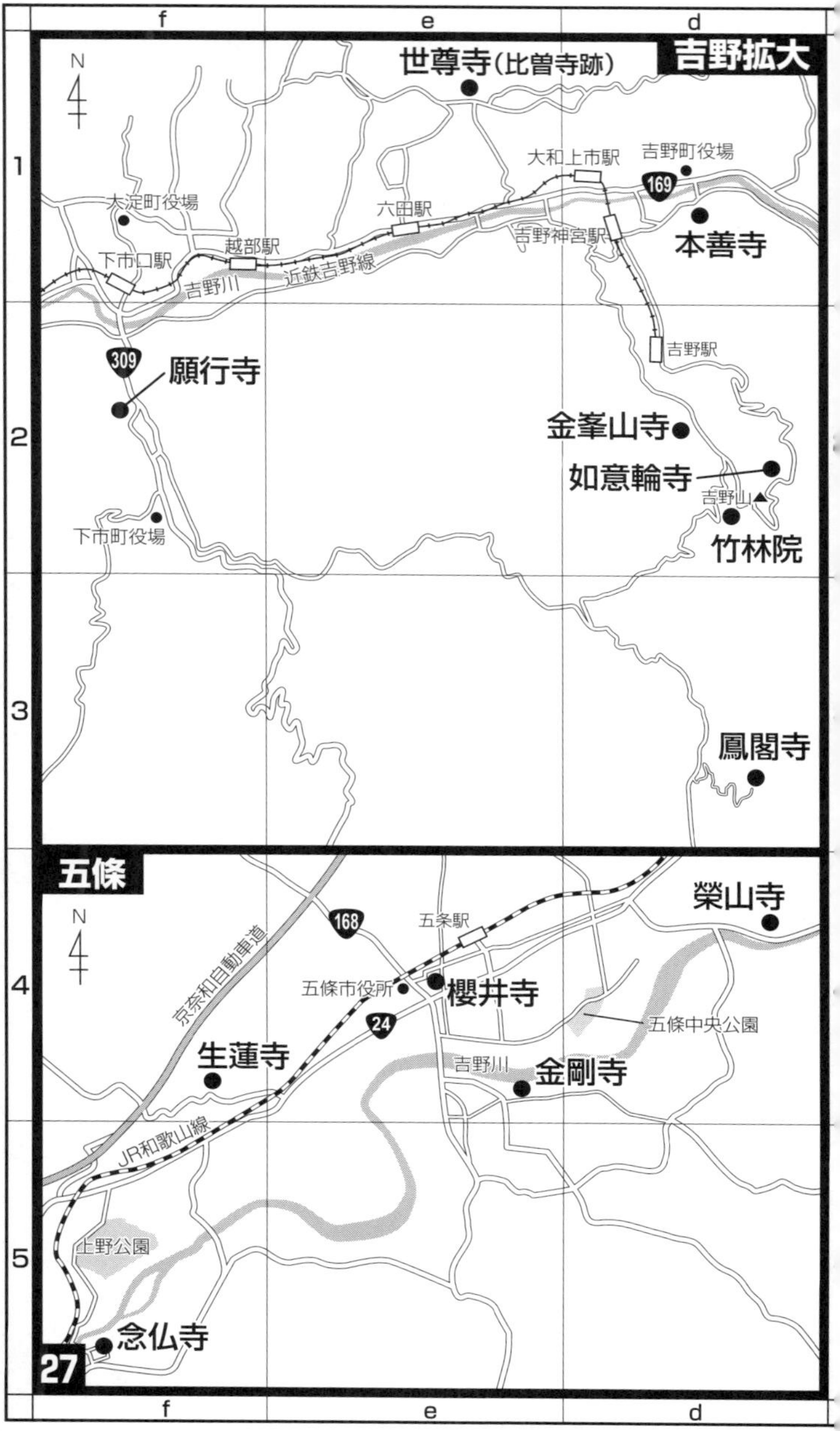

f
e
d
1
2
3
4
5
吉野拡大
世尊寺（比曽寺跡）
大和上市駅
吉野町役場
169
大淀町役場
六田駅
本善寺
吉野神宮駅
越部駅
下市口駅
近鉄吉野線
吉野川
吉野駅
309
願行寺
金峯山寺
如意輪寺
吉野山
下市町役場
竹林院
鳳閣寺
五條
榮山寺
五条駅
168
京奈和自動車道
五條市役所
櫻井寺
24
五條中央公園
生蓮寺
吉野川
金剛寺
JR和歌山線
上野公園
念仏寺

奈良市東部・京都府南部

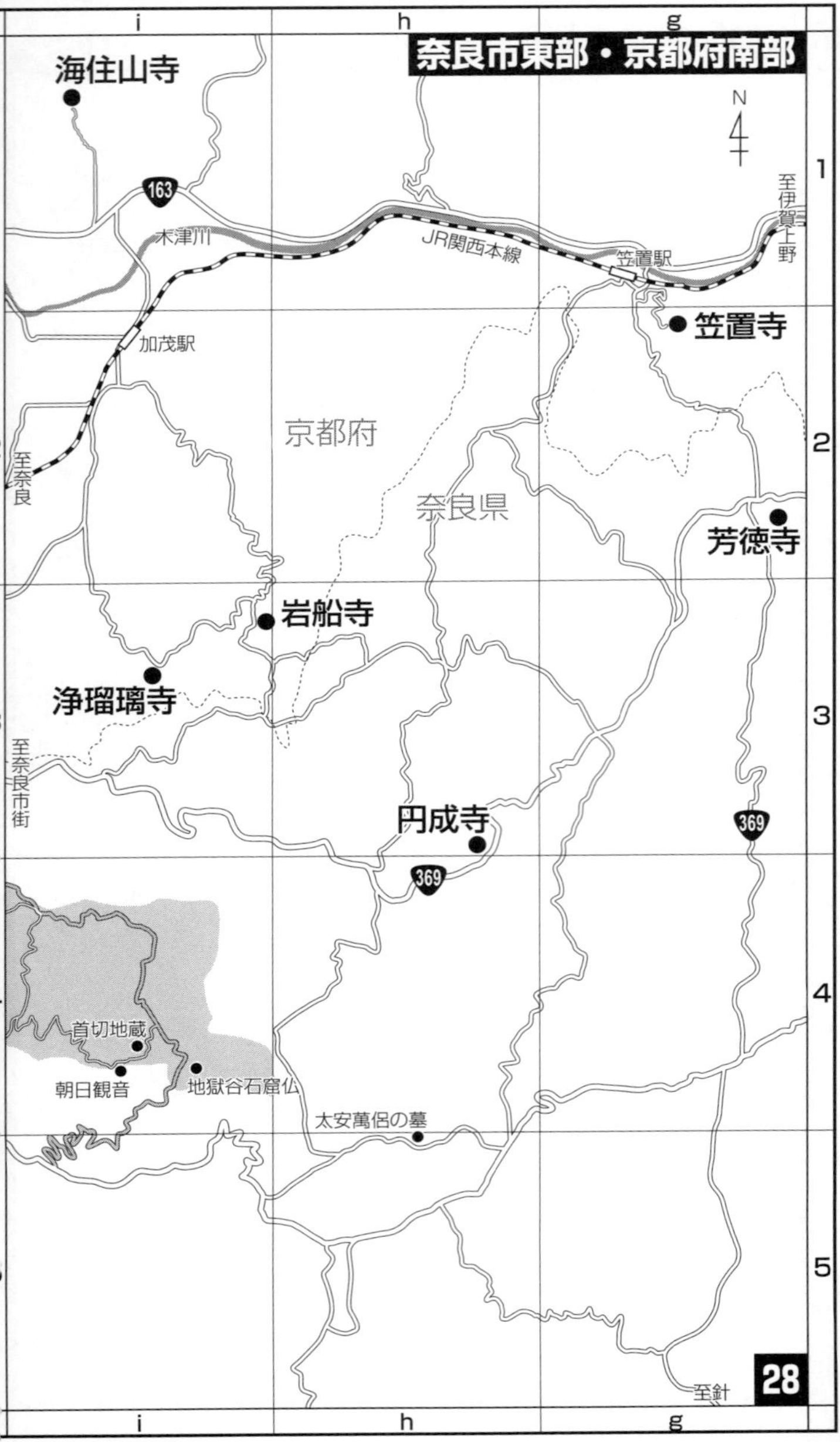

i
h
g
N
1
2
3
4
5
海住山寺
163
木津川
JR関西本線
笠置駅
至伊賀上野
笠置寺
加茂駅
至奈良
京都府
奈良県
芳徳寺
岩船寺
浄瑠璃寺
至奈良市街
円成寺
369
369
首切地蔵
朝日観音
地獄谷石窟仏
太安萬侶の墓
至針

寺院紹介

【凡例】文中の（検定本）は、文章を『奈良まほろばソムリエ検定公式テキストブック』（山と渓谷社刊）から引用した箇所を示しています。（和辻本）は和辻哲郎著『古寺巡礼』（岩波文庫）からの引用です。（公式ＨＰ）はお寺が公表しているホームページ（ＨＰ）からの引用です。国の重要文化財は「重文」と略称しています。

般若寺【はんにゃじ】 四季の花に彩られる十三重石塔

地図ページ 18 B-1

舒明元年（六二九）、高句麗僧の慧灌《えかん》が創建したと伝わる古刹《こさつ》です。「平重衡《しげひら》の南都焼討ちで伽藍が焼失するも、鎌倉時代に西大寺の叡尊《えいそん》と忍性《にんしょう》が再興した。国宝の楼門、重要文化財の経蔵《きょうぞう》はその時に再建された鎌倉建築である」（検定本）。

「関西花の寺二十五ヵ所」第十七番札所でコスモスの寺として有名ですが、四季それぞれ境内に花が咲き乱れます。春はヤマブキ、夏はアジサイと初夏咲コスモス、秋には約二十五種十五万本のピンク、赤、白、黄と色とりどりのコスモスが境内を彩ります。花の少ない冬にはスイセンが咲きます。四季のどの時期に訪れても、その折々の花が出迎えてくれる花の寺です。

境内の外からも見える寺のシンボルは、高さ一四《メートル》の十三重石塔（重文）で、宋の石工、伊行末《いぎょうまつ》の手になります。鎌倉時代に東大寺復興の中心となった重源《ちょうげん》上人は、かつて留学していた中国・宋から技術者を連れてきました。そのうちの一人が伊行末です。建長五年（一二五三）の建造後、数度の大地震や兵火、明治時代には廃仏毀釈の嵐などで被害を受けますが、昭和三十九年（一九六四）大修理を施して現在に至っています。初重には東西南北の面にそれぞれ薬師如来、阿弥陀如来、釈迦如来、弥勒如来のいわゆる四方仏が刻まれています。なお修理の際、塔内から発見された白鳳金銅阿弥陀仏とその胎内仏は、秘仏として特別なときに公開されます。

ほかに伊行末の子・伊行吉《いぎょうきち》が父母のために建てた、日本最古の鎌倉時代の笠塔婆《かさとうば》や江戸時代の三十三所観音石像などの石造物が境内のあちこちに見られます。

（石田一雄）

コスモスに囲まれた十三重石塔

DATA

宗 真言律宗 所 奈良市般若寺町221 電 0742-22-6287
交 JR・近鉄奈良駅からバス「般若寺」下車すぐ 拝 9:00～17:00　500円 P 有（有料）

東大寺【とうだいじ】 二月堂修二会（お水取り）

地図ページ 19 D-4

東大寺は華厳宗の大本山。建造物の多くが国宝で、奈良時代をはじめ各時代の美術品・文化財を多数有しています。

奈良に春を告げる行事として知られる「修二会《しゅにえ》」は、二月堂で行われます。練行衆《れんぎょうしゅう》と呼ばれる十一人の僧侶が、様々な過《あやま》ちを本尊の十一面観音菩薩に懺悔《さんげ》し、人々の幸せを祈ります。天平勝宝四年（七五二）、実忠和尚《じっちゅうかしょう》が始めました。以来、平安時代末の平家の南都焼討ち、江戸時代の火災、先の大戦など数々の困難にあっても、一度も途切れることなく続けられてきた「不退の行法」です。正式には「十一面悔過《じゅういちめんけか》法要」ですが、旧暦二月に行われていたため修二会としても親しまれています。また三月十二日深夜、若狭井《わかさい》から本尊に供える香水《こうずい》をくみ上げる行法から、「お水取り」とも呼ばれます。

有名な「お松明《たいまつ》」は、上堂する練行衆を照らす道明かりが大きくなったもの。三月一日から十四日まで、毎日行われます。午後七時、十本の大松明が一本ずつ登廊《のぼりろう》を上ります。舞台の欄干から松明を夜空に高く突き出しクルクル回すと、美しい火の粉が舞い上がり流れ落ち、参詣者の歓声がひときわ大きくなります。

三月十二日には長さ約八《メートル》・重さ六十〜七十《キログラム》と一段と大きい十一本の「籠松明」があがり、十四日の「尻つけ松明」では、十本の松明が舞台の上に勢ぞろいします(十二日は午後七時半点火、十四日は午後六時半点火)。

お松明が終わると堂内では修二会の行法が深夜まで続き、局《つぼね》などで拝聴できます。

(山﨑愛子)

お松明 (写真提供:木村昭彦)

DATA

宗 華厳宗 所 奈良市雑司町406-1 電 0742-22-5511 交 JR・近鉄奈良駅からバス「大仏殿春日大社前」下車徒歩約15分 拝 二月堂は終日参拝自由 P 無

五劫院【ごこういん】ご本尊はアフロヘア

地図ページ 19 D-4

正倉院の北側の町なかに位置する東大寺の末寺。縁起によると鎌倉時代、東大寺を再建した俊乗坊重源《しゅんじょうぼうちょうげん》が、宋から木造五劫思惟阿弥陀仏《ごこうしゆいあみだぶつ》坐像を請来し、多くの人々を救うために一堂を建立し、本尊として祀ったのがこの寺の創始であると伝えられています。

寺内の墓所の奥には、江戸時代に東大寺を再建した公慶を供養する五輪塔もあります。

本堂の内陣の中央に、穏やかでとても愛らしい顔の本尊が祀られています。頭はたくさんの螺髪《らほつ》で覆《おお》われ、まるでアフロヘアのような髪型です。両肩からゆったりとした衣を付け、定印《じょういん》(両手を腹前で重ねる)を結んだ両手は袖の中に隠しています。

五劫思惟阿弥陀仏とは、無量寿経《むりょうじゅきょう》によると、五劫という非常に長い時間ただひたすら考え修行し、菩薩から阿弥陀如来になった瞬間の姿です。長い時間と難行を表すため、髪の毛をうず高く螺髪に積み重ね、頭髪がかぶさるようになった姿をしています。「劫《こう》」とは、長い時間を示す単位で、四十里四方もある大磐石《だいばんじゃく》(たいそう大きな石)を三年に一度、白い羽衣で払って、その石がすりきれてなくなっても終わらない時間だといい、要するに永遠・無限をさすものといわれます。

五劫思惟阿弥陀仏像の例は極めて少なく、この像のほか東大寺勧進所、奈良の十輪院、京都の大蓮寺、和歌山の道成寺などにしか見られません。

本尊の全ての人々を包み込むような慈悲深さをたたえた微笑みを拝見すると、自分も見守られているような穏やかな気持ちになります。

（松浦文子）

五劫思惟阿弥陀仏

DATA

宗 華厳宗 所 奈良市北御門町24 電 0742-22-7694 交 JR・近鉄奈良駅からバス「今在家」下車　徒歩約5分 拝 9:00〜15:00、特別開扉の8月1〜11日以外は要予約、休日1月1〜15日、8月12〜31日 P 有

興福寺【こうふくじ】 中金堂は三百一年ぶりの再建

地図ページ 19 E-5

興福寺は法相宗《ほっそう》の大本山です。国宝の建物のほか多数の文化財を所蔵します。平成十年（一九九八）には、「古都奈良の文化財」の一つとして世界遺産に登録されました。

和銅三年（七一〇）の平城京遷都後、藤原不比等により建立されましたが、火災が多く、記録に残るだけでも百回を上回るそうです。中でも特に大きい火災が二回ありました。一回目は治承四年（一一八〇）、平清盛の五男・重衡《しげひら》による南都焼き討ちで、伽藍の大半が焼けました。二回目は享保二年（一七一七）盗人が講堂に入り、火事になって中金堂ほか主な伽藍が焼失しました。

中金堂は本尊を祀る最も重要な建物ですが、資金難から再建できず、百年後、人々の寄進によってようやく建てられた仮堂でその後をしのいできました。

平成三十年（二〇一八）十月七日、長年の悲願であった中金堂が三百一年ぶりに再建され、落慶法要が華やかに行われました。八代目となる中金堂は、創建時と同じ場所に、同じ規模・様式で再建されました。平城宮跡の大極殿とほぼ同じ大きさで、柱は六十六本。日本では巨木が見つからず、アフリカ中部産のケヤキ、カナダ産のヒノキを使っています。

本尊は木造釈迦如来坐像（江戸時代）です。創建当時の本尊が、中臣鎌足が蘇我入鹿排斥を祈願して造立した釈迦如来像だったことにちなみます。

内陣の西側第一柱には、法相柱が再興されました。日本画家の畠中光亭画伯により、法相宗の教義「唯《ゆい》識《しき》」ゆかりの無著菩薩、玄奘三蔵、慈恩大師など、十四人の祖師が描かれています。

（山崎愛子）

八代目の中金堂

DATA

宗 法相宗 所 奈良市登大路町48 電 0742-22-7755 交 近鉄奈良駅から徒歩約5分 拝 9:00〜17:00 P 有（有料）

称名寺【しょうみょうじ】 珠光と久秀の足跡を残す寺

地図ページ 19 E-4

近年、訪日外国人の数は急増しています。外国人に人気のお土産のひとつが抹茶味のお菓子です。抹茶はもともと主に茶の湯で使われていました。奈良には、茶の湯の原点を作った村田珠光が住んだ称名寺があります。

珠光は、室町時代に現在の奈良市中御門町に生まれ、十一歳で称名寺に入り僧になりました。その後、一休和尚に師事参禅し、禅の思想を抹茶の喫茶に持ち込みました。お茶を飲む時の心の持ち方、狭い草庵は後に千利休によってわび茶として大成され、今日の茶の湯の隆盛につながっています。

称名寺は鎌倉時代の文永二年(一二六五)に興福寺の学僧であった専英・琳英兄弟が創建、当時は興福寺の北にあったため興北寺ともいいました。珠光は室町時代に現在地に移った寺に住みました。江戸時代に再建された珠光の草庵、「獨盧庵」は、毎年五月十五日の珠光忌に、本堂の仏像と共にこの日のみ一般公開されます。当日は抹茶接待も行われ、植栽もきれいに整えられ、多くの茶の湯ファンを迎えます。境内には、松永久秀の多門城に使われ、廃城と共に散乱していた石仏や墓石を集めたという千体石仏群もあります。建築資材として利用されたため奈良盆地の多くの地蔵が被っている笠が、外された地蔵が多いです。

奈良市の繁華街から少し離れたふだんはあまり目立たない小道沿いにたたずむ称名寺は、茶礼祖、珠光が住んだ寺であり、戦国武将の夢の跡の石仏群も引き受けている、歴史と共に歩んできた寺でもあるのです。

（清水千津子）

称名寺山門と本堂

DATA

宗 西山浄土宗 所 奈良市菖蒲池（しょうぶいけ）町7 電 0742-23-4438 交 近鉄奈良駅から徒歩約10分 拝 珠光忌（5/15）のみ一般公開（今後の公開はお寺のホームページを参照） P 無

浄教寺【じょうきょうじ】フェノロサも見たソテツの巨樹

地図ページ 19 E-5

浄教寺は浄土真宗の寺で、寺伝によると寛元二年(一二四四)親鸞の弟子行延が、河内の八尾に開基し、十六世紀に大和へ移り、楠木正季《まさすえ》の子孫が継ぎ、天正期(一五七三〜一五九三)に顕如上人から浄教寺の寺号を賜りました。慶長八年(一六〇三)徳川家康から現在の寺地を拝領したと伝えられています。

均整のとれた山門や掲示板舎などが、奈良市の中心市街地・三条通りの歴史的景観に貢献しています。本堂は戦前に焼失しましたが、昭和四十三年(一九六八)に今の本堂が完成しました。本尊は、伝運慶作の木造阿弥陀如来立像(鎌倉時代)です。

明治時代にはアメリカの東洋美術史家・アーネスト・フェノロサの講演の場にもなりました。フェノロサを中心とする古社寺調査団一行が奈良を訪れ、著名な寺の仏像など文化財の再発見が始まりました。

その中で明治二十一年(一八八八)六月五日、知事や奈良市の有力者の懇願もあり、浄教寺本堂で「奈良の諸君に告ぐ!!」と題したフェノロサの講演があったのです。「奈良の文化財は奈良という一地方だけでなく、世界の宝、栄誉でもあり市民は保存する義務がある」と文化財保護の意義と重要性を訴えかけました。市民五百人が参加し熱心に聞き入ったそうです。

これを記念して平城遷都千三百年の平成二十二年(二〇一〇)以降、毎年ここで講演会が開かれています。

(小野哲朗)

山門の奥に見えるソテツ(奈良市指定文化財)

DATA

宗 浄土真宗本願寺派 所 奈良市上三条町18 電 0742-22-3483 交 JR・近鉄奈良駅から徒歩約10分 拝 境内自由、本堂拝観は要事前申込 P 有(要許可)

伝香寺【でんこうじ】　散り椿とはだか地蔵

地図ページ 19 E-5

奈良時代の宝亀年間（七七〇～七八一）に、鑑真の弟子思託《したく》が創建した実円寺が前身であるといいます。今の寺は戦国時代の天正十三年（一五八五）に大名・筒井順慶《じゅんけい》の母である芳秀《ほうしゅん》尼が、順慶の菩提を弔うために唐招提寺の泉奘《せんじょう》長老を開基として堂宇を建てたことに始まります。以後、筒井氏の菩提寺となり、徳川家康より寺領百石が与えられました。墓所には筒井氏関係の墓石があります。

芳秀尼が堂前に供えたツバキが存続（三代目）しています。このツバキは、花がサクラの花びらのように散るツバキで、その潔さから「武士《もののふ》椿」とか「散り椿」と呼ばれています。東大寺開山堂の糊こぼし、白毫寺の五色椿とともに「大和三名椿《さんめいちん》」と讃えられています。三月下旬～四月上旬が見頃です。

本尊は釈迦如来坐像ですが、有名なのは客仏の秘仏・裸形地蔵菩薩立像（重文・木造）で通称「はだか地蔵尊」として親しまれています。胎内納入品により、安貞二年（一二二八）興福寺の妙法尼らによって発願された、春日大社の四祭神の本地仏であることが判明しました。

毎年七月二十三日には、このはだか地蔵尊が特別開扉され、衣の着せ替え法要が行われます。

妙法尼が母の菩提を弔うため、衣の着せ替えは何よりの供養として始めました。古い衣は、細かく切って諸願成就・安楽往生に功徳がある「お守り」として配られます。

当日の奈良町では、各町内にあるお地蔵さんが飾られ、にぎやかに地蔵盆が行われます。

（石田一雄）

着せ替え法要時の地蔵菩薩

DATA

宗 律宗 所 奈良市小川町24 電 0742-22-1120 交 JR・近鉄奈良駅から徒歩約15分 拝 9:00〜17:00（隣接する幼稚園の行事がある場合は拝観できません。）拝観料300円（ツバキの開花時期のみ400円）P 有（有料）

元興寺【がんごうじ】 庶民信仰が支えた奈良町の寺

地図ページ 19 E-5

平城京遷都とともに法興寺（飛鳥寺）が新しい都に移ったのは養老二年（七一八）で、元興寺と称されました。現在の奈良町の中心部を占める広大な寺地に、巨大な伽藍が建立されました。法相宗と三論宗の学問寺として重んじられ、南都七大寺の寺格を誇りました。しかし、やがて朝廷の保護を受けられなくなると寺勢は衰えます。現在の中院町にあった僧房は、鎌倉時代初期に改築され極楽堂となりました。伽藍が縮小し町家になっていく中で、極楽坊と呼ばれたこの一角は庶民信仰が栄える聖地として残り、今は世界遺産に登録されています。

奈良時代の元興寺に智光《ちこう》という学僧がいました。夢の中で極楽浄土に行き、夢から覚めて浄土の様子を画工に描かせました。その絵図は智光曼荼羅《ちこうまんだら》（浄土変相図）と名づけられ、平安時代に浄土信仰が盛んになると、一躍有名になります。極楽往生を願う人たちが智光の住居だった僧房に集まり、曼荼羅を本尊として念仏講を開きました。

重要有形民俗文化財に指定された約六万五千点の庶民信仰資料、また境内の多数の石塔などは、中世の元興寺で隆盛した信仰の様子を明かす貴重な遺産です。

古代僧房の面影を残す禅室、念仏堂の特徴をよく示す極楽堂(本堂)、奈良時代の仏塔建築の精密なモデルである五重小塔など国宝の建築にも見るべきものが多く存在します。

元興寺には五重塔がありました。安政六年(一八五九)に焼失し、塔跡が残る華厳宗元興寺(芝新屋町)は、かつて観音信仰によって庶民の人気を集めた歴史があります。西新屋町には、小塔院が残ります。

(池川愼一)

真言律宗元興寺の極楽堂と禅室(左奥)

DATA

●真言律宗元興寺 [宗]真言律宗 [所]奈良市中院町11 [電]0742-23-1377 [交]近鉄奈良駅からバス「福智院」下車　徒歩約5分、JR奈良駅からバス「田中町」下車徒歩約10分 [拝]9:00〜17:00　500円 [P]有(無料)
●華厳宗元興寺 [宗]華厳宗 [所]奈良市芝新屋町12 [電]0742-22-5218 [交]同上 [拝]8:00〜17:00　無料 [P]無

福智院【ふくちいん】 小さなお寺の大きなお地蔵さま

地図ページ 19 E-5

福智院は、旧元興寺境内に形成された奈良町の東にあり、柳生街道が春日山と高円山の間を抜けて奈良町に入る入口に建っています。

福智院の前身は、天平八年(七三六)僧玄昉《げんぼう》が建立した地蔵菩薩を本尊とする清水寺《しみずでら》です。ここには、春日山原始林からの伏流水が清水となって豊かに湧き出ていたのでしょう。

清水寺は平安時代後期には衰退していました。平家の南都焼き討ち後、西大寺を再興した叡《えい》尊《そん》は、清水寺の復興にも力を入れ、興福寺の荘園・福智荘(現・奈良市下狭川町)から木造地蔵菩薩坐像を本尊として移し、建長六年(一二五四)清冷山福智院と改名しました。一重裳階《もこし》をつけた本堂(重文)は、鎌倉時代の創建で、かつては経蔵でした。

本尊の木造地蔵菩薩坐像(重文)は、像高二・七メートルの大作で威風堂々とした姿です。右手に錫《しゃく》杖《じょう》を持ち、左手に宝珠を捧げ、右足を安座にした大きな坐像で、舟型の光背は五百六十もの小さなお地蔵さまと六体の地蔵尊、そして閻魔《えんま》王と太山王をつけて、弥勒菩薩の浄土を表しているともいわれます。台座を含め高さは六・五《メートル》もあります。

　地蔵菩薩はインド神話の大地を包蔵する地神です。地蔵菩薩を信仰するあらゆる人々の苦悩を滅じて下さり、土地は豊かに、家宅は永安であり、願いは成就するなどの十種のご利益と恵みを与えて下さいます。地蔵菩薩は老若男女から子供に至るまで、最も親しまれ愛される仏さまです。

　奈良町散策では、ぜひ福智院のお地蔵さまに会いにいらして下さい。

（梶原光惠）

木造地蔵菩薩坐像（写真提供：飛鳥園）

DATA

宗 真言律宗 所 奈良市福智院町46 電 0742−22−1358
交 ＪＲ・近鉄奈良駅からバス「福智院町」下車すぐ
拝 9:00〜16:30　500円（特別公開時600円）P 有（無料）

十輪院【じゅうりんいん】 開基は吉備真備の長男か

地図ページ 19 E-5

「十輪院は元興寺旧境内の南東隅に位置し、静かな奈良町の中にあります。寺伝によりますと、当山は元正天皇(七一五～七二四)の勅願寺で、元興寺の一子院といわれ、また右大臣吉備真備の長男・朝野宿禰魚養《あさのすくねなかい》の開基とも伝えられています」(公式ＨＰ)。

南門をくぐると正面に国宝の本堂が見えます。鎌倉時代前期の建物で、寄棟造り・本瓦葺きで屋根の反《そ》りが少なく、正面の蔀戸《しとみど》は寺院というより中世の住宅のようです。

本尊は石造地蔵菩薩立像で、花崗岩の切石を組み合わせた重文・石仏龕《せきぶつがん》(仏像を納める厨子)に安置されています。左右には釈迦如来・弥勒菩薩の浮き彫りのほか、多数の仏像が線彫りされており、極楽往生を願う地蔵世界を表しています。

開基といわれる魚養は謎の多い人物です。遣唐使として二度、唐に渡った吉備真備が現地でもうけた子で、魚に助けられ父親を頼って日本に到着したとの伝説から、「魚養」と名付けられたと伝わっています。書道の名人で弘法大師空海の書の師ともいわれています。唐の玄奘三蔵《げんじょうさんぞう》が漢訳した経典「大般若経」六百巻を魚養が書写したとの伝承があり、これを「魚養経」と呼んでいます。戦国時代の兵乱で全て流失しましたが、現在四百七十巻以上の存在が確認され、極めて貴重なものです。

本堂の東側、御影堂の北東の隅に小さな塚があります。魚養の墳墓と伝えられ「魚養塚」と呼ばれています。北を正面として横穴式の石室が設けられており、奥の壁面には如来型の坐像が浮き彫りされています。

本堂裏の墓地には、歌手・河島英五の墓があります。

(稲田英二)

魚養塚

DATA

[宗] 真言宗醍醐派 [所] 奈良市十輪院町27 [電] 0742-26-6635 [交] 近鉄奈良駅からバス「福智院町」下車　徒歩約5分、JR奈良駅からバス「田中町」下車　徒歩約5分 [拝] 9:00〜16:30／休日12/28〜1/5、1/27〜1/28、8/16〜8/31と毎週月曜日（祝日の場合は翌火曜日）500円 [P] 有（無料）

徳融寺【とくゆうじ】　様々ないわれの仏さま

地図ページ 19 E-5

「元来は元興寺の子院で北方にあったが、元興寺が土一揆で罹災したのち、天正十八年（一五九〇）に住僧の意順が現在地へ移したという。江戸時代初期、融通念仏宗に属して大念仏寺の末寺となって以来、信仰を集め今に至る。寺地は中将姫の父である右大臣藤原豊成の旧邸宅と伝えられ、本尊の阿弥陀如来立像（鎌倉時代）は北条政子の念持仏であったという。延宝五年（一六七七）に髙林寺から移された豊成父子の供養塔という二基の宝篋印塔《ほうきょういんとう》がある中将姫ゆかりの寺である」（検定本）。

本堂の本尊・木造阿弥陀如来像は北条政子の没後、政子の信任厚かった忍性に預けられ忍性はこれを自坊の額安寺《かくあんじ》に安置、江戸時代初期に中将姫を崇める妙忍尼により当寺に寄進されたといいます。この仏の数奇な旅が厨子の背面に記されています。厨子には快慶作とあります。

観音堂には平安時代作の本体に、肘から先を室町時代に後補し赤ん坊を抱く優美な木造子安観音立像が安置されています。明治政府は江戸時代以来のキリシタン弾圧を続け、浦上（現・

長崎市)のキリシタン信者を分散して各地の有力藩に送りこみました。

明治二年、信者八十六人が郡山藩の雲幻寺(現・良玄禅寺)に収容されました。この中の庄八という青年が表具屋に奉公に出され、仕事で徳融寺を訪れた際、この観音を拝し「これぞ聖母マリア様」と思い、観音堂にお参りするようになりました。

当時の住職は禁制にもかかわらずこれを黙認し、庄八は生涯、弾圧で犠牲になった殉教者の供養を続けたということです。

(豊田一雄)

観音堂の子安観音像

DATA

宗 融通念仏宗 所 奈良市鳴川町25 電 0742-22-3881
交 近鉄奈良駅から南に徒歩約15分、JR奈良駅から南東に徒歩約25分、またはバス「北京終町」下車すぐ
拝 9:00～17:00、境内拝観は自由、堂内拝観は事前予約
P 有(無料)

璉城寺【れんじょうじ】　美しい裸形阿弥陀仏と花の寺

地図ページ 18 B-2

平城京外京《げきょう》の東南に位置し、こぢんまりとたたずむお寺。七世紀後半、飛鳥の地に創建され、その後平城京に移転した紀寺《きでら》の後身とも伝えられています。

天平年間（七二九～七四九）に聖武天皇の勅願で行基が開いたとされ、平安時代の『伊勢物語』に登場する紀有常《きのありつね》が伽藍を再建しました。

本尊は、聖武天皇の后である光明皇后をモデルにしたといわれる木造阿弥陀如来立像です。白く美しい木造の裸形像で、清涼寺式の縄目状の頭髪と指と指の間に広がる曼網《まんもう》（水かきのような膜）、雲形の台座などに特徴がある鎌倉時代の秘仏です。五十年に一度だけ袴《はかま》の取り替えのため開扉されてきましたが、現在では毎年五月の一ヵ月間公開されます。最近の袴の取り替えは平成十年（一九九八）で、その前に着衣されていた鶴や松の文様が描かれた西陣織の袴が、庫裏《くり》に展示されています。

五月の境内では、一年ぶりに開扉される本尊を彩るように、オオヤマレンゲの白い花が咲き、ニオイバンマツリの花が紫から白に変わっていく様子を楽しむことができます。

脇侍の観音菩薩立像（平安時代）、勢至菩薩立像（室町時代）はいずれも重文です。また庫裏には、奈良市出身の映画監督・河瀬直美さんの書も飾られています。脇壇には、烏《え》帽《ぼ》子《し》に十字架が彫られた紀有常の立像が安置されています。

奈良市内ではほかに伝香寺、新薬師寺、西光院に裸形の仏像が安置されています。（波多江重人）

本尊の阿弥陀如来立像

DATA

宗 浄土真宗遣迎院派 所 奈良市西紀寺町45 電 0742-22-4887 交 ＪＲ・近鉄奈良駅からバス「田中町」または「紀寺町」下車すぐ 拝 9:00〜16:00（本尊拝観は5月のみ）500円 P 2〜3台（無料）

新薬師寺【しんやくしじ】天平の息吹伝える十二神将

地図ページ 19 D-5

高畑町にある閑静な古寺。天平十九年（七四七）、光明皇后が聖武天皇の病気回復を願って創建しました。東塔、西塔を含む七堂伽藍の大きな寺院であったといいますが、平安時代の落雷や台風により主なお堂が失われました。現在の本堂は、唯一残った創建当時の建物です。鎌倉時代までに東門、南門、鐘楼や地蔵堂などが建立され、現在の伽藍が整いました。

本堂には現世利益《げんぜりやく》の信仰を集める本尊・木造薬師如来座像がどっしりと構え、その周りには憤怒《ふんぬ》の形相を示す塑像十二神将が円陣をなしています。十二神将とは、薬師如来が住む東方浄瑠璃世界を守る十二人の武将で、のちに干支の守り神としても信仰されるようになりました。

この群像は、近くの岩淵寺《いわぶちでら》から移ってきたものと伝わっています。奈良時代に作られたわが国最古にして最大の十二神将で、本堂、薬師如来像とともに国宝に指定されています（十二神将のうち補作の一体をのぞく）。

薄暗い本堂内で、ろうそくの光によって厳かに照らし出される薬師如来と十二神将。塑像の十二神将をよく拝見すると、ところどころに極彩色の模様の一部が残り、天平当時のきらびやかな姿に思いをはせることができます。生気みなぎる眼光は怒りだけでなく、悲しみをもたたえているようで、きりっとした身ぶりは躍動感にあふれています。なめし革のような鎧をまとった身体の柔らかな線や、赤ん坊のようにふっくらとした手には、親しみを感じることができるでしょう。

毎年四月八日のおたいまつ（修二会）や、境内のハギの花でもよく知られています。

（梶尾　怜）

薬師如来と十二神将

DATA

[宗] 華厳宗 [所] 奈良市高畑町1352 [電] 0742-22-3736 [交] JR・近鉄奈良駅からバス「破石町」下車、徒歩約10分 [拝] 9:00～17:00、600円 [P] 有（無料）

不空院【ふくういん】　空海・叡尊ゆかり、女性に寄り添う寺

地図ページ 19 D-5

新薬師寺の東にあり、山号は春日山《しゅんにちさん》。本尊の木造不空羂索《けんさく》観音坐像（鎌倉時代）は重文で、春日大社の武甕槌命《たけみかづちのみこと》の変化《へんげ》の姿と伝えます。

『大乗院寺社雑事《ぞうじ》記』には、鑑真和上が一時この地に住んでいたことや、興福寺南円堂建立の命を受けた空海がここに滞在し、ひな形の八角円堂を建てたことが記されています。また叡尊はこの寺で戒律を講じ、戒を授けました。

八角円堂は、江戸時代後期に起きた安政の大地震で倒壊、寺は明治初期の廃仏毀釈で廃寺となり、本尊は野ざらし同然に荒廃しましたが、大正末期に復興されました。

寺の鎮守であった宇賀弁財天女（室町時代・秘仏）が福をもたらすことから、「福院」とも呼ばれました。江戸時代には、奈良町の芸妓《げいこ》たちが熱心に参拝したとか。境内には「えんきりさん」「えんむすびさん」の神が祀られ、井上《いがみ》内親王の御霊塚もあります。

駆け込み寺の役を果たしたことから、女性の願いをかなえる寺としても知られます。

昭和初期、もと新橋の名妓・照葉は当院に駆け込み、出家しました。高岡智《ち》照《しょう》尼《に》として京都・祇王寺の庵主になった生涯は、瀬戸内晴美（のち寂聴）の小説『女徳』のモデルにもなりました。本尊は毎年、春は大型連休の頃、秋は正倉院展の時期に特別開帳が行われます。また同じく不空羂索観音が安置された興福寺南円堂が開扉される十月十七日にも、特別開帳されます。

近年、「かなで奉納」「地蔵盆夏祭り」などを催し、地域住民に親しまれています。

（鉄田憲男）

不空羂索観音像　（写真提供：飛鳥園）

DATA

宗 真言律宗 所 奈良市高畑町1365 電 0742-26-2910
交 ＪＲ・近鉄奈良駅からバス「破石町（わりいしちょう）」下車 徒歩約10分 拝 9:00〜17:00　境内自由（本堂拝観は要予約500円　特別拝観時は600円） P 無

白毫寺【びゃくごうじ】閻魔さまに会える寺

地図ページ 18 A-2

『万葉集』にも多く詠まれた高円山《たかまどやま》のふもと、ゆるやかな石段の上にある白毫寺。境内からは、奈良盆地とそれを取りまく山々をはるかに見渡すことができます。創建の由来についてはは諸説がありますが、かつてこの地に天智天皇の第七皇子である志貴皇子《しきのみこ》の離宮があり、その山荘を寺にしたとも伝えられています。ハギや大和三名椿《めいちん》の一つとして知られる五色椿の古木、さまざまな草花が境内をさりげなく彩り、花の寺としても知られます。

重文八体をおさめる宝蔵では、死者の生前の行いを裁くあの世の裁判官・閻魔王《えんまおう》が強烈な存在感を放っています。鎌倉時代作で寄木造のこの像は、かつてあった閻魔堂の本尊でしたが、明応《めいおう》六年(一四九七)の戦乱でほとんどのお堂が焼かれるなか、からくも助け出されたといわれます。地獄の炎を連想させるような赤い彩色の残る顔、右手に笏《しゃく》を持ち肩をいからせるがっしりとした体つき、カッと見開いた大きな目は、どんな罪をも見逃さないという気迫に満ち、叱咤《しった》の声まで聞こえてきそうです。宝蔵ではこのほかに、同じく冥界《めいかい》を司る十王の一人である太山王《たいざんおう》や、冥界の役人である司命《しみょう》・司禄《しろく》にも出会うことができます。また西方極楽浄土の主である本尊・木造阿弥陀如来坐像や、閻魔王の化身ともされる地蔵菩薩のおだやかな姿と見比べてみるのも、興味深いでしょう。

恐ろしい閻魔王ですが、一月十六日の閻魔王の縁日には無病息災の祈祷をする「えんまもうで」が行われ、境内はにぎわいます。

私たちを裁くだけではなく、罪を犯さないようにと見守ってくれる存在でもある閻魔王を、身近に感じてみませんか。

（梶尾　怜）

奈良市指定文化財の本堂

DATA

宗 真言律宗 所 奈良市白毫寺町392 電 0742-26-3392
交 JR・近鉄奈良駅からバス「高畑町」下車　徒歩約20分または「高畑住宅」下車　徒歩約15分 拝 9:00～17:00 500円 P 無

弘仁寺【こうにんじ】 子供の学業成就祈る十三詣り

地図ページ 18 A-4

虚空蔵山《こくぞう》(標高一八三㍍)の南側、木々に囲まれた丘陵地にたたずむ高野山真言宗の古刹です。「弘仁五年(八一四)に嵯峨天皇の勅願により建立したという。あるいは空海が小野篁《おののたかむら》の誓願を請けて大同二年(八〇七)頃に建立したともいう」(検定本)。

本尊は本堂の厨子に納められた秘仏・木造虚空蔵《こくうぞう》菩薩立像で、空海の作と伝えられています。

中世には東大寺の末寺だった時期があり、多くの堂宇が立ち並ぶ修行道場だったといいます。「元亀三年(一五七二)に松永久秀の兵火を受けて堂宇の大半が焼失したが、本堂は半焼にとどまり、明星堂(観音堂)は火災を免れた。(中略)現存の本堂は元禄九年(一六九六)に新築されたものである」(検定本)。

高台に立つ重層寄棟造・本瓦葺の本堂は存在感があり、奈良県指定有形文化財です。

ユニークな行事として全国的に知られるのが、無限の智恵と慈悲をもつとされる虚空蔵菩薩に、数え年十三歳の子供たちが学業成就や厄除開運を祈る「十三詣《まい》り」です。虚空蔵菩薩の縁日の四月十三日を中心に、新生活をスタートした中学一年生や中学受験前の小学六年生が家族で参拝します。

祈祷を受ける前に子供たちは毛筆で一文字書きをして奉納します。

住職は「夢、努、学や自分の名前の一字を書くお子さんが多いですね」といいます。

智恵のお寺のゆかりからか、県内では数少ない算額(和算の問題や解法を記した額)二点が奉納され、本堂外陣に掲げられています。ともに江戸時代後期作の奈良市指定有形民俗文化財です。

(久門たつお)

十三詣りで本堂に向かう家族連れ

DATA

宗 高野山真言宗 所 奈良市虚空蔵町46 電 0742-62-9303 交 JR・近鉄奈良駅からバス「窪之庄南」下車 徒歩30〜40分 拝 9:00〜17:00(3月〜11月)、9:00〜16:00(12月〜2月)、入山料200円、拝観料400円 P 有(無料)

正暦寺【しょうりゃくじ】 錦の里は清酒発祥の地

地図ページ 18 A-4

菩提仙《ぼだいせん》川上流の森の中に立つ正暦寺。「正暦三年（九九二）に九条関白兼家《かねいえ》の子、兼俊僧正が一条天皇の勅願を奉じて建立したという。隆盛期には僧坊八十あまりをもつ大伽藍となり、法相宗と真言宗の顕密兼学の道場として栄えた」（検定本）。しかしその後は南都焼討ちなどの兵火により荒廃しました。周辺には約三千本といわれるカエデの木があり、十一月になると紅葉します。カエデの赤や黄、そこに針葉樹の緑が織りなすさまをたとえて、「錦の里」と呼ばれます。

この寺では、わが国で初めて清酒の原型が造られました。

「長い間濁り酒だったが、室町時代に清酒が造られ、この上が無いと『無上酒』とまで呼ばれた。この清酒を造ったのが正暦寺。日本の清酒の起源はここから始まる」（検定本）。

この寺で創案された菩提酛《もと》は、いまの酒母（酵母を大量に含むアルコール発酵のもと）の原型で、諸白《もろはく》づくり（麹用の米と蒸し米の双方に精白米を使う）という製法（南都諸白《なんともろはく》）も、この寺から始まりました。室町時代の嘉吉年間（一四四一～一四四四）には、盛んに造られていたようです。

　長い間、お寺での醸造は途絶えていましたが、平成十年（一九九八）、県内の若手酒造家や研究者からなる「奈良県菩提酛による清酒製造研究会」が、これを復活。

　毎年一月上旬に「菩提酛清酒祭」を行い、お寺でできた酒母を会員の酒蔵が持ち帰り、「菩提酛」の名を冠した清酒を醸造しています。

　正暦寺は酒母を造るため寺院としては初めて、国税庁から「酒母製造免許」も取得されました。

（鉄田憲男）

菩提酛清酒祭の様子

DATA
宗 菩提山真言宗 所 奈良市菩提山町157 電 0742-62-9569 交 JR・近鉄奈良駅からバス「窪之庄南」下車 徒歩約60分（紅葉の季節のみJR・近鉄奈良駅から臨時バスあり） 拝 9:00～17:00（12月～2月は16:00まで） 500円 P 有（無料） 11月初旬～12月初旬は500円

不退寺【ふたいじ】　在原業平ゆかりの寺

地図ページ 18 C-1

正式には不退転法輪寺。平城天皇《へいぜい》が仮住まいした萱《かや》の御所が子の阿保親王《あぼ》と孫の在原業平《ありわらのなりひら》に伝えられ、業平が仁明天皇《にんみょう》の勅命により自作の観音像を祀ったことに始まるといいます。鎌倉時代の正和六年（一三一七）に南門と多宝塔が建てられました。本堂、南門、多宝塔はいずれも重文。裏山の墓地にある鎌倉時代の五輪塔は、在原業平の供養塔であるとの伝承もあります。周辺は佐保路とよばれ、御陵や古刹《こさつ》が点在します。

業平は平安時代前期の歌人で、六歌仙・三十六歌仙の一人。美男で歌の才能にめぐまれ『古今和歌集』をはじめ勅撰集に多くの歌が収録されており、『伊勢物語』は業平をモデルとした歌物語といわれます。

境内に歌碑がある業平の歌が「ちはやぶる神代《かみよ》もきかず竜田川からくれなゐに水くくるとは」（『古今和歌集』）です。歌の意味は「神代の昔でさえも聞いたことはない。竜田川が（紅葉を散り流して）紅色に水をしぼり染めにしているなどとは」。

竜田川は、生駒市から平群町を流れ、斑鳩町で大和川に合流する川で、古くから紅葉の名所として知られます。

寺には、在原業平朝臣画像（江戸時代）が伝わっています。毎年五月二十八日の業平忌には、本堂内に画像をかけて法要が営まれます。

この日には歌の上達を願って、和歌や俳句をたしなむ人々が多数参拝されます。また多宝塔が特別開扉され、本堂内では伊勢物語写本などの寺宝が公開されます。（石田一雄）

本堂

DATA

宗 真言律宗 所 奈良市法蓮町517 電 0742-22-5278
交 近鉄新大宮駅から北へ徒歩約15分 拝 9:00〜17:00
平常展500円　特別展600円　業平忌700円 P 有（無料）

法華寺【ほっけじ】　光明皇后の心を伝える蒸し風呂

地図ページ 18 C-1

奈良時代、平城宮東側に隣接した藤原不比等の旧邸宅を娘の光明皇后《こうみょう》が引き継ぎ、皇后宮としました。天平十三年(七四一)夫である聖武天皇が諸国に国分寺・国分尼寺を建立する詔《みことのり》を発したあとは、法華滅罪之寺の名前で総国分尼寺として諸国の国分尼寺を統括しました。「平重衡《しげひら》の南都焼討ちで大被害を受けたあと、重源が堂塔を再建。鎌倉時代に西大寺の叡尊も復興に尽力」(検定本)しました。慶長六年(一六〇一)に淀君により寺域は北側に縮小されましたが、本堂、南門、鐘楼(いずれも重文)が建てられました。円照寺(奈良市)、中宮寺(斑鳩町)とともに大和の三門跡尼寺に数えられます。カヤの一木造の本尊・木造十一面観音立像(国宝)は平安時代前期を代表する傑作で、顔は光明皇后写しといわれる秘仏です。公開は年三回の期間中だけで、ふだんは模刻像の拝観になります。

光明皇后が力を注いだのが貧民救済で、境内にあったサウナ式の浴室「カラブロ」もその一つです。「蒸し風呂を民衆に施すことは、慈善病院を経営するのと同じ意味の仕事になる。慈悲を理想とした皇后がこのような蒸し風呂の施浴を行われたということは、きわめてありそうなことである」(和辻本)。

建物の中に入れ子のように二室に分かれた屋形があり、薪で釜の湯をわかし、ヒノキ製の簀《す》の子状の床に蒸気を送ります。

明和三年(一七六六)の再建で、重要有形民俗文化財です。戦後は休止していましたが、平成十七年(二〇〇五)から皇后の命日の六月七日ごろの一日のみ、信者を中心に入浴体験が行われています。(久門たつお)

境内にある「カラブロ」(写真提供:法華寺)

DATA

宗 光明宗 所 奈良市法華寺町882 電 0742-33-2261 交 近鉄大和西大寺駅からバス「法華寺前」下車　徒歩約5分 拝 9:00～17:00(受付は16:30まで)　500円(特別公開時は別途) P 有(無料)

海龍王寺【かいりゅうおうじ】　玄昉ゆかりの古刹

地図ページ 18 C-1

父・藤原不比等の邸宅跡を引き継いだ娘の光明子（のちの光明皇后）は、敷地の北東隅に、飛鳥時代にあった寺を天平三年（七三一）に改めて開きました。それでこの寺は「隅寺《すみでら》」と呼ばれてきました。

海龍王寺の名は、この寺の初代住職となった玄昉《げんぼう》が、唐から帰国するとき大荒れの海を行く船内で「海龍王経」を一心に唱え、おかげで無事日本に帰ることができたという逸話にもとづきます。当時の遣唐使船による渡航は、別名「四つの船」とも呼ばれていたように、同じ荷物を積んだ船を四隻用意し、そのうち一つでも無事に唐に到着すれば幸いという、厳しく命がけの航海だったのです。そんな旅から無事帰国を果たした玄昉は、経典以外にもさまざまなものや文化を持ち帰りました。

聖武天皇の生母である宮子（光明皇后の異母姉）の病気を快癒させるなどして出世し、同じく留学生として名高い吉備真備らとともに政治の世界でも活躍しました。

このような玄昉の強運にあやかりたいと、この寺には今も海外渡航など旅の安全を願う人々が全国からお参りしています。本尊の前にはガラス容器に入った世界の七つの海の水が供えられ日夜、旅の安全のための祈りが捧げられています。

西金堂（重文）は創建時の建築様式を今に伝えていますが、その中に安置されている五重小塔（国宝）は、天平時代の建造物として貴重です。春には「大和随一」ともいわれるユキヤナギが咲き誇ります。

（大久保衛）

本尊に供えられた七つの海の水

DATA

宗 真言律宗 所 奈良市法華寺北町897 電 0742-33-5765 交 JR・近鉄奈良駅からバス、「法華寺前」下車徒歩すぐ 拝 9:00～16:30（特別公開時～17:00）、500円（特別公開時600円） P 有（無料）

西大寺【さいだいじ】 興正菩薩叡尊上人が再興

地図ページ 19 D-1

藤原仲麻呂の乱が起きた天平宝字八年(七六四)、孝謙上皇が鎮護国家の祈りを込めて金銅四天王像の造立を発願したことに始まります。創建当初は約四八ヘクタルという広大な境域に、薬師金堂・弥勒金堂をはじめ、東西両塔、四王院など、南都七大寺にふさわしい壮麗な大伽藍でした。

平安時代に多くの堂宇が焼失して荒廃しましたが、鎌倉時代半ばに再興したのが、興正菩《こうしょうぼ》薩叡尊《さつえいそん》です。文暦二年(一二三五)に当寺に入住して、「興法利生《こうぼうりしょう》」をスローガンに独自な宗教活動を推進し、当寺はその拠点として繁栄しました。

興法利生とは、「興隆仏法(仏教を盛んにすること)」「利益衆生(民衆を救済すること)」で、それぞれ叡尊の具体的活動である戒律復興と困窮者救済に結実しています。当寺は密・律兼修の根本道場という新たな中世寺院として、再生しました。

その後、室町時代には兵火により多くの堂塔を失うことになりましたが、江戸時代になって諸堂の再建が進み、ほぼ現状の伽藍となりました。境内は国史跡に指定されています。

本堂は重文で、本尊の重文・木造釈迦如来立像は、叡尊が嵯峨清凉寺に参詣し、その釈迦像を模刻させたものといいます。また代表的な行事である大茶盛《おおちゃもり》は、延応元年（一二三九）に叡尊が八幡神に献茶したお茶を参拝者に振舞ったことに由来し、巨大な茶碗で回し飲みする行事として多くの参拝者で賑わいます。

当寺の北西にある奥の院・法界躰《たい》性《しょう》院（西大寺野神町）は九十歳の高齢で入寂した叡尊の墓所であり、その場所に建てられた石造大五輪塔が現存しています。

（石田一雄）

本堂

DATA

宗 真言律宗 所 奈良市西大寺芝町1-1-5 電 0742-45-4700 交 近鉄大和西大寺駅すぐ 拝 8:30〜16:30（本堂・四王堂）、拝観料＝本堂400円・四王堂300円 P 有（1時間300円）

秋篠寺【あきしのでら】　苔の美、伎芸天と香水閣

地図ページ 19 E-1

平城京北西の秋篠の地に光仁天皇の勅願で宝亀七年(七七六)に創建され、のち桓武天皇も大いに庇護したと伝わります。「東西両塔・金堂・講堂などからなる伽藍を誇ったが、保延元年(一一三五)に兵火を受け、講堂を除いて焼失してしまった」(検定本)。

南門近くの東塔跡の礎石が往時を物語ります。金堂跡などの樹木の下一面に広がる苔の緑は、拝観受付所までのアプローチを和ませてくれます。

本堂(国宝)は、火災を免れた寄棟造の講堂を鎌倉時代に改築したものです。本尊は鎌倉時代の木造薬師如来坐像(重文)で、脇侍は平安時代の日光・月光菩薩立像(重文)。

堂内の諸仏で特に関心を集めるのが木造伎芸天《ぎげいてん》立像(重文)です。頭部は天平時代の乾漆造、後補の体部は鎌倉時代の寄木造で、人間味をたたえる表情、腕や腰などの造形美が目をとらえます。東門近くにあるのが香水閣《こうすいかく》で、中に閼伽《あか》井と呼ばれる井戸があります。

平安初期、常暁《じょうぎょう》律師が閼伽井に大元《たいげん》帥明王の姿を感じ、その後、唐に渡って祈祷《きとう》の際に用

いる「大元帥御修法《たいげんのみしほ》」を修得、わが国に伝えました。

宮中からの使者が閼伽井から汲《く》んで持ち帰った霊水を、京都御所で正月に国の安泰を祈願する真言宗の「大元帥御修法」で使ったそうです。仁寿元年（八五一）以降、明治四年（一八七一）まで千年余り続いたとされます。

秘仏で蛇が巻きついた姿の木造大元帥明王立像（鎌倉時代・重文）が安置される大元堂、香水閣とも普段は非公開で、特別公開は毎年六月六日です。

（久門たつお）

香水閣の閼伽井から汲まれる御香水

DATA

宗 単立 所 奈良市秋篠町757 電 0742-45-4600 交 近鉄大和西大寺駅からバス「秋篠寺」下車すぐ 拝 9:30〜17:00　500円 P 有（無料）

常光寺【じょうこうじ】　湛海律師ゆかりの秘仏

地図ページ 20 G-1

緑に包まれた常光寺は奈良大学の近く、奈良市押熊の里にたたずむ寺です。延宝元年（一六七三）正洞律師が、現在の地に小庵を建てたのが寺の始まりと伝えます。生駒聖天・宝山寺の奥の院とも呼ばれています。本尊の大聖不動明王三尊像は湛海《たんかい》律師の作で、霊験あらたかなことから「大聖《だいしょう》」と冠されています。

湛海は寛永六年（一六二九）伊勢に生まれ、江戸の永代寺に入ります。その後京都に歓喜院を建て独立しますが、円忍律師（一六〇九〜一六七七）の教えを受けたのち、大和葛城山麓で山林修行をなしとげ、不動明王の示唆により行を完成するにふさわしいところとして、延宝六年（一六七八）に生駒山に入山し、宝山寺を中興しました。

湛海は宝山寺の歓喜天の託宣により、自ら大聖歓喜双身天尊像と厨子を作り、この押熊の地に勧請したと伝えます。歓喜天像の像高は約三〇㌢、頭部は象で、左向きの女性神と右向きの男性神がしっかりと抱き合った姿に彫られています。

特筆すべきは、秘仏である歓喜天像が年に一度、六月六日だけ特別に開扉《かいひ》され拝観できることです。

常光寺は明治初期の廃仏毀釈で廃寺になり、諸堂などは散逸するという憂き目にあいました。

本堂、大師堂、鐘楼、山門や仏具類は著名な寺院へ寄進されました。法華寺の梵鐘《ぼんしょう》は、この寺から寄進されたものの一つです。寺は昭和二十七年(一九五二)になって再興されました。


(津山　進)

山門

DATA

宗 単立 所 奈良市押熊町212 電 0742-45-3272 交 近鉄大和西大寺駅からバス「南押熊」下車　徒歩約10分
拝 9:30〜16:30 300円 P 有(無料)

喜光寺【きこうじ】　行基菩薩入寂の寺

地図ページ 19 D-1

平城京右京三条三坊の菅原の地にたたずむ寺。養老五年（七二一）、行基によって創建されました。菅原寺と称していましたが、天平二十年（七四八）、聖武天皇行幸のおり、本尊から光が放たれたことを喜ばれた天皇から、喜光寺という寺号を賜りました。

行基は天智七年（六六八）和泉国で生まれ、師の道昭の教えを継いで橋や川、池、布施屋などを整備しました。また仏法を教える道場として、四十九院と呼ばれる僧尼院を畿内に建立しましたが、喜光寺は唯一、平城京のなかに造られた寺院であったため、行基は朝廷から糾弾されました。しかし民衆から菩薩と崇められた行基の行動について、ついに朝廷側がこれらを認め、天平三年（七三一）には「法師」と呼ばれるようになりました。

聖武天皇は天平十五年（七四三）、大仏造立の詔を発せられました。民衆の心の支えとなっていた行基は、造立の支援を要請され、多大な協力を行い、初の「大僧正」となりました。行基は、喜光寺を拠点として造立の指揮をとりましたが、大仏開眼供養に参列することなく、天平二十一年(七四九)二月、喜光寺で八十二歳の生涯を閉じました。行基の墓は生駒山中の竹林寺(生駒市有里)にあります。

喜光寺の本堂は、行基が東大寺建立に先立って建立したという伝承から「試みの大仏殿」と呼ばれています。

近鉄奈良駅前には、東大寺大仏殿に向かって祈るように立つ行基菩薩の銅像が建立され、人々が集う場所となっています。蓮の寺としても有名です。毎年夏には二百五十鉢の蓮が咲き誇ります。(波多江重人)

本堂

DATA

宗 法相宗 所 奈良市菅原町508 電 0742-45-4630 交 近鉄尼ヶ辻駅より徒歩10分、近鉄大和西大寺駅より徒歩20分 拝 9:00〜16:30　大人500円　子供300円 P 南大門前(無料)

霊山寺【りょうせんじ】 薬師如来の癒しの空間

地図ページ 19 F-2

富雄川の近く、登美山《とみやま》の麓に霊山寺があります。奈良時代、聖武天皇の皇女で、のちの孝謙天皇が病気になったとき、行基が代参し病が治ったため、寺の建立を勅命されました。

さらに東大寺大仏の開眼供養を行ったインドのバラモン僧・菩提僊那《ぼだいせんな》が来日のおり、登美山の地相が母国インドの霊鷲山《りょうじゅせん》にそっくりということから、霊山寺と名づけられました。

境内には行基像、菩提僊那の供養塔もあります。行基像は、近鉄奈良駅前の像、御所市の九品寺の像とともに作られたもので、三体はみな東大寺大仏殿の方角を向いています。

境内は山に沿って広がっているので高低差があり、鎌倉時代に建てられた本堂(国宝)の軒先にすわると、初夏には涼しい風が吹き抜け、さわやかです。本尊は秘仏の薬師三尊像(重文)です。

昭和になって奥の院に祀られていた弁才天は、境内中ほどに建立された内外総金箔押の黄金殿で参拝できるようになりました。その隣には内外総プラチナ押の王龍殿があります。このようなきらびやかなお堂に加え、境内にはさまざまな癒しの空間があります。

第二次世界大戦後、シベリアに抑留された当時の住職は「花を見て心の安らぎを感じ、平和の大切さを知ってほしい」とバラ庭園を開園され、二百種二千株を超える世界のバラが咲き集います。春と秋にはティーテラスが開店し、ローズティーなどを味わうことができます。薬師湯殿は小野妹子の子・小野《おの》富人《とびと》が薬草風呂を作ったことにはじまると伝えられます。

薬師如来の癒しの空間を楽しんでください。

（清水千津子）

庭園のバラ

DATA

宗 霊山寺真言宗 所 奈良市中町3879 電 0742-45-0081 交 近鉄富雄駅からバス「霊山寺」下車すぐ 拝 10:00〜16:00、500円（バラ見頃期 600円） P 有（無料）

王龍寺【おうりゅうじ】　優雅な磨崖仏の十一面観音像

地図ページ 20 H-2

近鉄富雄駅から富雄川沿いに北へ進み、杵築橋《きつき》を西に折れ、ゆるやかな坂道を進み、途中でゴルフ場を横切る道をたどると、黄檗《おうばく》宗王龍寺の山門が見えてきます。開運道と呼ばれる深い森の中の石畳の道を進み、苔むした石段を上り切ったところに本堂があります。聖武天皇の勅願によって創建されたといわれています。背後にも巨岩がそびえ立ち、本尊を包む形で本堂が建てられています。

江戸時代の元禄二年（一六八九）郡山藩主の本多忠平が、梅谷禅師を招いて再興しました。堂内には高さ四・五メートル、幅五・五メートルの巨石に磨崖仏として彫られた本尊・十一面観音像立像が祀られています。

本尊は光背部を掘りくぼめた中に浮き彫りされ、左手を下に右手で蓮の花の入った水瓶《すいびょう》を持ち、蓮華台にのっています。小窓から差し込む光に照らされてやさしく微笑む姿は、奈良県のなかでも随一ともいわれます。

建武三年(一三三六)と刻まれ、造られた年がわかる貴重なものです。脇に文明元年(一四六九)の不動明王像も彫られており、外陣の左右には十八羅漢像も並んでいます。

本堂内では「月例早朝座禅会」が開かれ、近所の人たちが本尊や諸像に囲まれた中で、静かに身を整える光景も見られます。境内には樹齢三百年をこえるヤマモモの大木やコジイなどがうっそうと茂る樹林の中に、大黒堂、鐘楼が点在し、貴重な里山の自然が残されています。

(小野哲朗)

山門

DATA

宗 黄檗宗 所 奈良市二名6-1492 電 0742-45-0616 交 近鉄富雄駅からバス「杵築橋」下車　徒歩約20分 拝 境内自由、本堂拝観は要事前申込 P 有(無料)

大安寺【だいあんじ】 空海も学んだ仏教総合大学

地図ページ 18 C-2

聖徳太子の熊凝精舎《くまごりしょうじゃ》を前身とし、舒明八年（六三九）わが国初の官寺として、舒明天皇が建立した百済大寺《くだらのおおでら》が大安寺の起こりです。やがて場所を移し、飛鳥京で高市大寺《たけちのおおでら》、次いで藤原京で大官大寺《だいかんだいじ》となり、国の中心寺院として栄えました。

平城京遷都に伴い現在の地に大安寺が建立されます。『扶桑略記』には「大官大寺を改め大安寺とする」、と記されており、境内面積は十五町（約二五万平方メートル）と現在の約二十五倍、高さ約七〇メートルの七重塔を持つ壮大な大伽藍が整うのは、天平十年（七三八）頃とされます。旧境内は国史跡に指定されています。

『大安寺伽藍縁起幷流記《ならびにるき》資財帳』には僧八百八十八人が止住したとされ、多くの僧侶が集まった仏教総合大学でした。その中には東大寺大仏開眼の導師を務めたインド僧・菩提僊那《ぼだいせんな》、ベトナム僧・仏哲《ぶってつ》、華厳の教えを伝えたとされる新羅僧・審祥《しんじょう》などの外国人僧、唐の大寺院・西明寺に学び、その伽藍を参考に大安寺の伽藍を建立した三論宗の祖・道慈《どうじ》、石清水八幡宮の開祖とされる行教《ぎょうきょう》、高野山を開創した真言宗の祖・空海など多くの名僧がいます。空海はこの寺で得度、修行を始めたとされ、得度の際の剃髪が秘宝として伝わり毎年四月二十一日の「正御影供《しょうみえく》」で開陳されます。

本尊の木造十一面観音立像（重文）は各種の病気平癒、とりわけ癌封じのご利益があるとされ、病魔退散を願う多くの参拝者で連日賑わっています。毎年一月二十三日と六月二十三日に営まれる癌封じのお祭りは、奈良の風物詩として定着しています。

（長岡光彦）

祈祷が行われる本堂

DATA

宗 高野山真言宗 所 奈良市大安寺2-18-1 電 0742-61-6312 交 JR・近鉄奈良駅からバス「大安寺」下車 徒歩約10分 拝 9:00～17:00、400円（特別拝観期500円） P 有（無料）

帯解寺【おびとけでら】　日本最古の子授け安産霊場

地図ページ 18 B-4

寺伝では、もとは霊松庵《れいしょうあん》といい、空海の師である勤操《ごんぞう》によって開かれた巌渕千坊《いわぶちせんぼう》の一つであったといいます。

第五十五代文徳天皇の染殿《そめどの》皇后（藤原明子）は、永い間子宝に恵まれず大変悩んでいました。氏神・春日明神のお告げがあって、当寺の地蔵に祈願したところ、まもなく懐妊、惟仁《これひと》親王（のちの清和天皇）が誕生しました。喜んだ天皇は、天安二年（八五八）伽藍を建立、無事帯が解けた寺「帯解寺」の寺号を与えたといいます。その後、平安時代末の平重衡《しげひら》の南都焼討ちや、戦国時代の兵乱で堂宇や寺宝が焼失しましたが、その都度復興されました。

江戸時代には大変栄え、二代将軍秀忠の正室お江《ごう》の方が、子授け祈願をしたところ三代将軍家光を懐妊・安産、家光も乳母・春日局のすすめで側室お楽の方が子授けを祈願、四代将軍家綱を懐妊・安産しました。境内には寛文三年（一六六三）に家綱が寄進した手水鉢があります。

本尊の木造子安地蔵菩薩半跏像（重文）は鎌倉時代の寄木造り、日本最古といわれる子授け安産のお地蔵さまです。左手に宝珠、右手に錫杖を持ち、左足を踏み下げて岩座の上に座しています。

また腹前に裳《も》の上端の布や結び紐が表されているところから「腹帯地蔵」といわれ、安産祈願の対象として広く信仰をあつめています。

日本最古の子授け安産霊場として、今も信仰が盛んで、現在の皇室に腹帯を献上しており、安産を願う女性とその家族で賑わっています。

（倉本尚美）

帯解寺本堂

DATA

宗 華厳宗 所 奈良市今市町734 電 0742-61-3861
交 ＪＲ帯解駅から徒歩約5分 拝 9:00〜16:00　400円（春と秋の秘仏公開期間中は500円） P 有（無料）

薬師寺【やくしじ】 玄奘三蔵との不思議な縁

地図ページ 19 D-2

天武天皇の発願のあと、持統・文武朝を通じて藤原京に造営(＝本薬師寺跡)されましたが、平城京遷都後、現在地に移されました。三重塔(東塔)、銅造薬師三尊像(本尊)、銅造聖観音菩薩立像、吉祥天画像はすべて国宝で、白鳳・天平時代を代表する遺産です。

『西遊記』で三蔵法師のモデルとなったのは、唐の僧侶・玄奘三蔵《げんじょうさんぞう》です。薬師寺は法相宗の大本山で、玄奘は法相宗の始祖です。玄奘はタクラマカン砂漠や天山山脈を歩いて越え、苦難の末にインドに到着。ナーランダ寺院で唯識教学を学びました。帰国後は、持ち帰った経典の翻訳に生涯を捧げます。日本で最も親しまれている「般若心経」は、玄奘が翻訳したものです。

玄奘の頂骨(頭部の骨)を祀っているのが、平成三年(一九九一)に落慶した玄奘三蔵院伽藍の玄奘塔です。昭和十七年(一九四二)、日本軍が中国で発見した玄奘の頂骨が中国から分骨され、一部をさいたま市の慈恩寺に安置しました。その一部の分骨を受けて、安置しています。塔にかかる「不東」の額は、白鳳伽藍の復興を発願・実行した高田好胤《こういん》管主(当時)の筆で「インドに達せずば東へ戻らず」という玄奘の強い決意を示しています。

大唐西域壁画殿には、平山郁夫画伯が玄奘の旅路をたどって描いた「大唐西域壁画」が奉納されています。終着地点・ナーランダ寺院を描いた「ナーランダの月」には、右下あたりに人の姿がぼんやりと描かれています。実はこの人影は描き初めにはなかったそうです。完成間近になって、壁画奉納の願主だった高田管主が亡くなられたため、画伯は玄奘と管主への思いを重ねて、この人影を書き足したそうです。

（山﨑愛子）

玄奘三蔵の頂骨を祀る玄奘塔

DATA

宗 法相宗 所 奈良市西ノ京町457 電 0742-33-6001 交 近鉄西ノ京駅すぐ 拝 8:30〜17:00　800円（玄奘三蔵院伽藍公開期間は1100円） P 有（有料）

唐招提寺【とうしょうだいじ】鑑真和上の遺徳をしのぶ

地図ページ 19 D-2

鑑真和上は天平十四年(七四二)留学僧の栄叡《ようえい》と普照《ふしょう》から伝戒の師として招請を受け、渡日を決意しその後の一二年間に五回の渡航を試みて失敗、視力も失いましたが、天平勝宝五年(七五三)六回目でついに日本の地を踏みました。東大寺で聖武上皇ほか四百余人に授戒した後、十年間のうち五年を東大寺、残りの五年を唐招提寺で、多くの人々に授戒しました。

唐招提寺は、天平宝字三年(七五九)鑑真が新田部《にいたべ》親王旧宅に戒律の道場を開いたことに始まります。和上が亡くなった後、弟子たちが遺志を継ぎ、平安時代の弘仁元年(八一〇)までに伽藍が整備されました。次第に衰退しますが鎌倉時代に復興し、慶長元年(一五九六)の大地震で戒壇、鐘楼、開山堂が倒壊しましたが、徳川綱吉と母・桂昌院の庇護により復興して現在に至っています。

代表的な天平建築である金堂、平城宮の東朝集殿を移築改造した講堂、奈良時代の校倉である宝蔵と経蔵、鎌倉時代の鼓楼がいずれも国宝に指定されています。毎年六月六日の開山忌の前後には鑑真和上坐像(国宝)が特別公開されますが、ふだんは開山堂でお身代わり像を拝観できます。境内の北東には和上の廟所《びょうしょ》があります。

和上は現代の日中友好のシンボルです。昭和五十三年の鄧小平《とうしょうへい》国家副主席をはじめ、現代の中国政府の要人が日本訪問をした際、多くの人が唐招提寺を訪れ廟所に参拝していま す。和上が住職を務めていた中国揚州の大明寺には、国宝鑑真和上坐像の模像を安置する鑑真記念堂や仏教大学である鑑真仏教学院などが建てられています。

(石田一雄)

中国揚州・大明寺の鑑真記念堂

DATA

宗 律宗 所 奈良市五条町13-46 電 0742-33-7900 交 近鉄西ノ京駅から徒歩約10分 拝 8:30〜17:00　600円 P 有　500円

三松寺【さんしょうじ】　達磨さんと坐禅の寺

地図ページ 19 D-3

西の京エリアから西南へ、奈良市と大和郡山市との境に近い閑静な住宅地に山門を構える三松寺。曹洞宗の寺で、三松禅寺としても知られる県内では数少ない禅寺の一つです。

その由緒は「桓武天皇の皇后・藤原乙牟漏《おとむろ》が延暦四年（七八五）富雄の地に万民富楽の勅願寺として建立。江戸時代、大和郡山藩城代家老松下将監供養の為、寛永十六年（一六三九）現在の七条の高台に士族寺として再建立されました」（公式ＨＰ）と伝わります。

坐禅堂の正面に大きく描かれた達磨《だるま》大師。その絵は、先代住職の坐禅道場建立のための托鉢姿に感動し、その人柄に惚れ込んだ馬堀喜孝《まほりよしたか》画伯によるものですが、彩色前の下絵にはお顔以外の場所に数万人の浄財寄付者の名前が書かれているそうです。

大師画の左右には「只管《しかん》」「打坐《たざ》」の書が掲げられています。只管打坐は、一般的に「ただひたすらに坐る」「坐ることになりきること」といわれますが、曹洞宗の宗祖・道元禅師の坐禅の神髄を表す言葉として、よく知られています。

大師画と「只管打坐」の文字に見守られながらの坐禅会は、曹洞宗大本山・永平寺から認可を受けた作法で、定期的に開催されています。

三松寺は観光寺院ではなく禅の心に触れる修行の場所。静寂な境内地には、ゆっくりと時間の余裕を作ってお参りください。

寺の近くにある大池は、写真愛好家のとっておきのスポット。禅の修行のあとは、大池の周囲の遊歩道から、池の向こうに見える薬師寺や若草山ののどかな大和の国の風景がゆっくりと楽しめます。（橋本　厚）

石標と門前

DATA

宗 曹洞宗 所 奈良市七条1-26-10 電 0742-44-3333 交 近鉄九条駅から徒歩約10分 拝 境内自由 P 有(無料)

円成寺【えんじょうじ】 間近で拝観できる運慶仏

地図ページ 28 h-3

円成寺は、奈良の市街地と柳生の里のほぼ中間、標高三八〇メートルの台地に位置します。東門を入り、平安時代のなごりを留める浄土式庭園を左に眺めながら半周すると、中島の奥に木々の彩りに包まれた楼門が、額縁の絵のように目に飛びこみます。

円成寺の数ある文化財の中で最も心揺さぶられるのは、大仏師・運慶が青年時代（二十代）に制作した木造大日如来坐像（国宝）です。現在は、多宝塔から、平成三十年（二〇一八）に相應殿《そうおうでん》（宝物館）へ移され安置されています。大日如来像は、新しく独立した空間の中で、胸を張って腰を引き締めた側面からの姿勢、腕と胸元の空間、結ばれた智拳印《ちけんいん》の位置、衣に刻まれた襞《ひだ》、運慶仏に特徴的な耳、鼻、足の裏などが、間近で拝観できるようになりました。

運慶デビュー作といわれる本像は、通常より異例に長い十一ヵ月もの期間をかけて造られました。父の康慶や先人たちの手法を徹底的に研究したと考えられ、運慶の気迫を感じることができます。

仏像制作を通し運慶がめざした、感情や精神性にまでおよぶ写実表現の出発点が、円成寺にあります。

多宝塔は後白河上皇の寄進と伝わります。康慶は優れた奈良仏師として師の康助とともに上皇と近い関係にあり、そのつながりで運慶が多宝塔本尊の制作を任されたのかも知れません。

巨匠の独創性に触れ、円成寺から奈良散策の新たな窓が開かれます。

（藤井哲子）

紅葉の多宝塔

DATA

宗 真言宗御室派 所 奈良市忍辱山町1273 電 0742-93-0353 交 JR・近鉄奈良駅からバス「忍辱山」下車すぐ 拝 9:00～17:00　400円 P 有（無料）

芳徳寺【ほうとくじ】　柳生家の菩提寺

地図ページ 28 g-2

芳徳寺は、奈良から京都・伊勢・滋賀に通じる古街道沿いの奈良市北東部・柳生の里に位置します。柳生但馬守宗矩《たじまのかみむねのり》が、寛永十五年（一六三八）もとの柳生城があったと伝わる場所に、亡父・石舟斎宗厳《せきしゅうさいむねよし》の供養のために創建したもので、開山は沢庵禅師《たくあんぜんじ》、のちに柳生家代々の菩提寺となりました。

本堂には、本尊・木造彩色釈迦如来坐像のほか、宗矩、沢庵禅師、初代住職・列堂《れつどう》和尚の坐像が安置されています。

宗厳が創始した柳生新陰流は、刀を持ちながら人を傷つけることなく相手を制する無刀の術理で、禅の思想を取り入れ、心の修行、精神面を鍛えることを重視しました。

柳生宗厳・宗矩・十兵衛三厳《じゅうべえみつよし》の親子三代にわたり、家康・秀忠・家光に仕え、兵法指南役となりました。特に家光は柳生新陰流を賞賛し、とりわけ宗矩を重用しました。大監察（惣目付）に任じ、宗矩の病床には、三回も見舞うほど信頼が厚かったと伝えられています。

十兵衛が養成した一万三千人もの門弟が、地方に赴くことで各地と繋がりを持ち、各藩の動静を見張り平和な江戸時代が永く続くことに貢献した様子が、新陰流の史料を含む寺宝から感じられます。

本堂の北五〇《メートル》のところに八十数基の石塔が並ぶ柳生家墓所、道を隔てた西側に旧柳生藩家老屋敷があります。寺から約七〇〇《メートル》の戸岩谷には、柳生藩主が代々信仰した天乃石立《あめのいわち》神社と、柳生宗厳の伝説が残る一刀石があります。

（藤井哲子）

本堂

DATA

[宗] 臨済宗大徳寺派 [所] 奈良市柳生下町445 [電] 0742-94-0204 [交] ＪＲ・近鉄奈良駅からバス「柳生」下車　徒歩約15分 [拝] 9:00～17:00（4月～10月）、9:00～16:00（11月～3月）200円 [P] 無

毛原廃寺【けはらはいじ】 いにしえしのぶ巨大礎石

地図ページ 18 A-5

穏やかな峰が四方に連なる山添村毛原の里は、奈良県の北東部、三重県との県境にあります。木々の芽吹きから若葉の茂りに移ろう初夏には、笠間川に蛍が舞います。

そんな毛原廃寺跡(国史跡)周辺は、東大寺を支えた杣《そま》(木材伐採領)でした。

民家のすぐそばで、現代の日常に寄り添うかのように、金堂、中門、南門跡などの大きな礎石が、当時のままの姿で残っています。

精巧に彫られた溝が大寺院であった威風を物語っています。

文献資料は残っていませんが、唐招提寺の金堂に匹敵する規模であり、大伽藍を有した杣を管理する寺院(東大寺の末寺)かと推定されています。

発掘調査で出土した軒丸瓦《のきまるがわら》や軒平瓦は、廃寺跡から二キロメートルほど下った笠間川と名張川との合流地点にある岩屋瓦窯《いわやがよう》跡で焼かれたことが判明しています。

礎石の規模を体感しながら周囲を歩くと、室町時代の六地蔵の温和な表情に出会えたり、『万葉集』や『大和名所図会』にある「山辺の御井《みい》」に思いをはせたり、眼前の風景からその奥にある古代ロマンを感じるなど、楽しさに出会えます。

杣人《そまびと》たちが木材を切り出し，笠間川の流れに委ねながら平城京へと送り出していた活気に満ちた奈良時代の様子が浮かんできます。

一説にある毛原廃寺の仏像の行方を追って、隣接する名張市の弥勒寺にも足をのばすと、懐深い奈良の歴史が垣根を越えて広がってきます。

（藤井哲子）

毛原廃寺の礎石

DATA

所 奈良県山辺郡山添村毛原 電 0743-85-0049（山添村教育委員会）交 近鉄名張駅からバス「毛原神社前」下車　徒歩約5分 拝 見学は自由 P 無

宝山寺【ほうざんじ】　洋風客殿の獅子閣

地図ページ 20 I-2

聖天堂《しょうてんどう》に双身歓喜天像が祀られていることから、「生駒の聖天さん」の名で親しまれている宝山寺は、現世利益を求める寺として多くの人々の信仰を集めています。護摩堂様式の本堂と檜皮葺《ひわだぶき》・八つ棟造りの聖天堂に、密教寺院の厳かさが感じられます。般若窟《はんにゃくつ》は、役小角《えんのおづぬ》が般若経を書写して納め、空海もここで修行したと伝えられています。

延宝六年（一六七八）に宝山湛海《ほうざんたんかい》律師（一六二九～一七一六）が生駒山に入山し、中興開山しました。当初は「大聖無動寺《だいしょうむどうじ》」と号しましたが、のちに宝山寺と改めました。

この寺には「獅子閣《ししかく》」と称される迎賓館があります。獅子閣の名は釈迦の説法「獅子吼《ししく》」や釈迦を象徴する台座「獅子座」から名づけられたと伝えられています。宮大工であった越後出身の吉村松太郎が横浜で西洋建築を学び、獅子閣の棟梁に任じられて明治十七年（一八八四）に竣工しました。木造洋風建築の客殿で、重文に指定されています。

一階は洋室と和室からなり、洋室の外扉には色ガラスがはめ込まれ、ガラス窓を通して四季の風情が楽しめます。また、二階へ上る階段は外周に支柱がなく、中央の柱と曲線状に加工された手すりが荷重を支えるらせん構造で、精緻な加工がひときわ目を引きます。

二階は和室で格天井《ごうてんじょう》で壁には金紙が貼られています。床の間は黒檀《こくたん》・紫檀《したん》の豪華な造りです。襖絵は山水画と花鳥画で春夏秋冬をあらわしています。

二階ベランダの西側からは宝山寺の全景を、南側からは奈良盆地の大パノラマを一望できます。

（津山　進）

獅子閣

DATA

宗 真言律宗 所 奈良県生駒市門前町1-1 電 0743-73-2006 交 近鉄生駒駅から生駒ケーブル「宝山寺」下車徒歩約10分 拝 拝観自由。無料。獅子閣は春・夏・秋期に特別公開（有料） P 有（無料）

長弓寺【ちょうきゅうじ】　創建伝承と檜皮葺の本堂

地図ページ 20 H-1

木立に囲まれた静かな谷にあります。「富雄の豪族であった真弓長弓《まゆみたけゆみ》が子の長麻呂《ながまろ》を連れて聖武天皇の鳥狩に従い、鳥を追い出していたところ、長麻呂の矢に当たり命を落とした。天皇がその悲運な最期を嘆き、行基に命じてその冥福を祈るために当寺を建立した」（検定本）という伝承があります。

行基が白檀《びゃくだん》の十一面観音像を造り、天皇の弓で頭頂の仏面を彫刻して創建したと伝わる聖武天皇の勅願寺として知られています。平安時代に藤原良継《よしつぐ》が伽藍を中興したといわれます。檜皮葺《ひわだぶき》の本堂（国宝）は、鎌倉時代の弘安二年（一二七九）に建立されました。密教本堂としての機能を果たすため、柱を抜いて梁《はり》を露出させ広い外陣を設ける手法を用いています。鎌倉時代初め、奈良では東大寺などの大寺院が復興されましたが、その気運が地方の寺院に至る起点となった遺構で、軸部・組物などは和様を基本としながらも、扉・頭貫《かしらぬき》の意匠などには大仏様を取り入れるなど、新和風の典型的な建築です。

内陣中央には黒漆厨子入りの本尊・木造十一面観音立像（重文）、両脇に阿弥陀如来坐像、釈迦如来坐像が祀られています。薬師院・法華院・円生院の三塔頭《たっちゅう》が本堂と境内を護持しています。境内の伊弉諾《いざなぎ》神社のそばの冨士講なごりの冨士浅間《せんげん》大菩薩石碑や大峯講の役行者《えんのぎょうじゃ》像など、民衆とともに歩んだ歴史を物語ります。

真弓の住宅地の高台の林の中（寺の東方約一キロ）には「真弓塚」があります。真弓長弓の墓とか、天皇から賜った弓を埋めたという伝承があります。

（小野哲朗）

本堂（国宝）

DATA

宗 真言律宗 所 奈良県生駒市上町4442～6 電 薬師院0743-78-2468、法華院0743-78-2437、円生院0743-78-3071 交 近鉄学園前駅からバス「真弓4丁目」下車　徒歩約10分、近鉄富雄駅からバス「真弓橋」下車　徒歩約10分 拝 9:00～16:00　本堂拝観は要事前申込　300円 P 有（無料）

竹林寺【ちくりんじ】 行基と忍性が眠るパワースポット

地図ページ 20 H-3

奈良時代に行基が開基したと伝わる竹林寺。文殊菩薩の化身と仰がれた行基(六六八~七四九)の眠る聖地です。寺号は文殊菩薩ゆかりの地、中国の五台山大聖竹林寺にちなんでつけられました。現・堺市にある家原寺《えばらじ》に生まれた行基は道昭(六二九~七〇〇)から法相学を学び、勧進役として東大寺大仏造立に尽力し、大僧正に任じられました。

天平二十一年(七四九)に菅原寺(現・喜光寺)で亡くなりましたが、遺命により遺骸は生駒山東麓で火葬され、竹林寺に葬られました。道昭は日本で最初に火葬された人物で、彼の影響を受けた行基も火葬にすることを遺命したと伝えられています。

行基は生駒山東麓に竹林寺の前身とされる草野仙房《かやのせんぼう》という草庵を営み、母の病気療養の場、自らの修行の地とし、布教活動を行い民衆に慕われました。文暦二年(一二三五)境内から行基の銀製の舎利瓶《しゃりへい》が発見され、墓誌の断片が奈良国立博物館に所蔵されています。

建保五年(一二一七)現・磯城郡三宅町に生まれた忍性は幼少の頃から文殊菩薩を信仰し行基

を崇拝していました。
嘉元元年(一三〇三)鎌倉で亡くなった忍性は遺骨を竹林寺に分骨することを遺言しました。忍性墓を修復した際に銅製の骨蔵器が出土し、重文に指定されています。水瓶《すいびょう》形の骨臓器は行基の舎利瓶にならったとされ、また行基の銀製の舎利瓶より一つ下の銅製であったのは、行基をあつく敬っていたからではないかともいわれています。行基と忍性、時代は違っても二人はともに文殊菩薩を信仰し民衆救済や社会事業に生涯をささげました。

(津山　進)

行基墓(国史跡)

DATA

宗 律宗 所 奈良県生駒市有里町211-1 電 0742-33-7900(唐招提寺) 交 近鉄一分駅から南西へ徒歩15分 拝 本堂拝観は唐招提寺へ要連絡。毎月2日、唐招提寺による法要が本堂で営まれる P 無料

千光寺【せんこうじ】　元山上で修行体験

地図ページ 20 I-3

修験道の祖である役小角が開いた千光寺。小角が千手観音を刻んで安置し、大峯山（山上ヶ岳）を開く前にこの地で修行したことから、元山上《もとさんじょう》と呼ばれるようになりました。のちに小角の母・白専女《しらとうめ》も来山し、修行しました。女人禁制の吉野大峯に対し、女性の修行を受け入れたことから「女人山上」とも呼ばれ、女性の修行道場として栄えました。俗世間とは別世界。自然の音だけに包まれ、五感を全開にして深呼吸したくなるような癒しの空間です。

境内には全国から寄進された行者像（役小角像）が並びます。つる草の衣をまとった像や、まるでギリシャ彫刻のような像に、思わず笑みがこぼれます。一つ一つ顔が違うので、一番お気に入りのイケメン行者像を見つけるのも、楽しいかもしれません。

ここには多くの女性が修行に訪れました。修行の場に身を置いた女性たちは、何を抱え何を捨てに、ここへ来たのでしょう。そんな女性たちに思いをはせながら、静寂に包まれた境内を奥へと進むと、行者堂があります。そこには役小角像が脇侍《わきじ》に前鬼《ぜんき》・後鬼《ごき》を従え、祀られています。

行者堂の脇には鉄下駄と鉄錫杖《しゃくじょう》が置かれています。女性は鉄下駄をはいて三歩歩ければ玉の輿《こし》の良縁、男性は鉄錫杖を三回持ち上げることができれば、良い嫁を得られるといわれています。

境内の裏山には行場があり、今も修行ができます。修行コースも様々で、二日間だけの体験コースや一週間の精神修養コース、一ヵ月間の荒行挑戦のコースもあります。心の断捨離に訪れたい古刹です。

（松永佳緒莉）

境内の行者像

DATA
宗 真言宗醍醐派 所 奈良県生駒郡平群町鳴川188
電 0745-45-0652 交 近鉄元山上口駅から徒歩約50分
拝 境内自由 P 無料

朝護孫子寺【ちょうごそんしじ】 日本アニメの起源のひとつ

地図ページ 20 I-5

鉢が飛ぶ、倉が飛ぶ、人々が驚いてそれを見上げている、そんな生き生きとした絵が描かれているのが『信貴山縁起絵巻』です。平安時代後期の作とみられるこの絵巻は国宝で『源氏物語絵巻』『伴大納言絵詞《えことば》』『鳥獣人物戯画』とあわせて四大絵巻と呼ばれています。朝護孫子寺中興の祖、命蓮《みょうれん》上人の霊験譚《れいげんたん》が二巻、姉の尼公《あまぎみ》との再会一巻が描かれ、尼公が夜に休んだ東大寺の絵からは、焼ける前の大仏殿の様子を推し量ることができます。絵巻の躍動感あふれる軽妙で精緻な筆致は、まさに世界に誇る日本アニメの起源のひとつといえるでしょう。

霊宝館では絵巻の写しが、また特別公開期間には本物を見ることができます。

朝護孫子寺は、聖徳太子が物部守屋との戦いに臨み、信貴山で感得した毘沙門天像を祀ったことに始まるとされています。境内の各所には毘沙門天の鎖で編んだ鎧《よろい》を図案化した毘沙門亀甲《きっこう》の寺紋や、毘沙門天の使いである百足《むかで》のデザインが見られます。百足はおあし(お金)がたくさんあることから、お金持ちになりたいという願いもかなえてくれそうです。

毘沙門天は戦いの神さまであると同時に、商売繁盛、開運招福、心願成就の徳を授けてくださいます。

『信貴山縁起絵巻』にも出てくる病気平癒の守り本尊、剱鎧童子《けんがいどうじ》を祀る剱鎧護法堂《けんがいごほうどう》、竈《かまど》の神さまを祀る三宝荒神堂、信貴山の頂上には一願成就の竜王を祀る空鉢護法堂《くうはつごほうどう》など、ご利益が得られる神さま、仏さまがそろっています。

奈良と大阪の境にそびえる信貴山の朝護孫子寺に、皆さんは何をお願いに参拝されますか。

（清水千津子）

毘沙門亀甲（扉）と百足のデザイン

DATA

宗 信貴山真言宗 所 奈良県生駒郡平群町信貴山2280-1 電 0745-72-2277 交 ＪＲ・近鉄王寺駅からバス「信貴大橋」下車　徒歩約5分 拝 境内散策自由　霊宝館300円　特別拝観時は別料金 P 有（500円）

法隆寺【ほうりゅうじ】千二百五十年続く金堂修正会

地図ページ 20 G-5

用明天皇が自らの病気平癒を願って寺を建て、薬師如来を安置することを請願されましたが、実現をみないまま亡くなりました。推古天皇と聖徳太子が、その遺志を継いで推古十五年（六〇七）に建立されたとされるのが、法隆寺創建の由来です。

『日本書記』天智九年（六七〇）の条に法隆寺が焼失したと伝える記載がみられます。再建の時期については諸説がありますが、飛鳥建築の様式美を今に伝える寺院です。

五万六千坪にもおよぶ広い境内には、国宝の建造物だけでも十八件を数えます。十八件中で一番新しいものでも、今から五百八十年も前であることなどまさに別格の寺です。

その中でもひときわ古い建物が、現存する世界最古の木造建造物とされる金堂です。

その金堂で、一月八日から十四日までの七日間にわたり金堂修正会《しゅしょうえ》が行われます。これは吉祥天、毘沙門天を本尊として、罪過を懺悔し、国家安穏、万民豊楽、寺門興隆を祈願する法会《ほうえ》です。神護景雲二年（七六八）から途切れることなく続く重要な伝統行事で、東大寺二月堂の修二会（お水取り）などとともに奈良を代表する仏教行事です。

この法会には十人の僧が出仕して、六時の行法とされる晨朝《じんじょう》、日中、日没《にちぼつ》、初夜、半夜、後夜の法要が行われます。午後は六時に入堂し、ろうそくと燈明だけの灯りの中で読経や独特の節回しの声明《しょうみょう》が唱えられる荘厳で神秘的な行法です。

この期間中は金堂外陣の金網が外されますので、仏さまをより鮮明に拝観できます。また、毎日午前十一時頃から大講堂で「金光明最勝王《こんこうみょうさいしょうおう》経《きょう》讃説」が行われます。（柏尾信尚）

修正会の行われる金堂（写真提供：法隆寺）

DATA

宗 聖徳宗 所 生駒郡斑鳩町法隆寺山内1-1 電 0745-75-2555 交 ＪＲ法隆寺駅からバス「法隆寺参道」下車すぐ。近鉄筒井駅からバス「法隆寺前」下車すぐ 拝 8:00～17:00（2月22日～11月3日）、8:00～16:30（11月4日～2月21日）1,500円 P 無（民間駐車場あり）

中宮寺【ちゅうぐうじ】 微笑みの観音さま

地図ページ 20 G-5

この寺は聖徳太子が母の穴穂部間人皇女《あなほべのはしひとのひめみこ》(用明天皇の皇后)のために建立したとされ、もとは現在地から東に五〇〇㍍《メートル》ほどのところにあり、のちに今の地に移されたといわれています。『日本書紀』には寺についての記載がなく、各種文献の記載からも創建の由来は明らかではありませんが、出土瓦から飛鳥時代の創建と考えられています。

発掘により、創建中宮寺は法隆寺の若草伽藍と同様に、南に塔が北に金堂が一直線に並ぶ四天王寺式伽藍配置であることが分かりました。

最初から法隆寺が僧寺、中宮寺は尼寺として建立されたようで、門跡尼寺(皇女・貴族などが住する尼寺)として創建以来、法灯が守られています。

本尊は有名な国宝・菩薩半跏《はんか》像(伝如意輪観世音菩薩)」です。「彼女は神々しいほどやさしい『たましいのほほえみ』を浮かべていた。それはもう『彫刻』でも『推古仏』でもなかった」(和辻本)。半跏思惟とは観音菩薩が「悩み苦しむ人々をどのようにして救おうか」と考えている姿です。この像はクスノキの部材を複雑に組み合わせた独特の方法によって造られており、金銅仏と見まがうほど黒光りしています。千四百年のうちに、香料や燈明の油煙により漆黒の姿になったといわれます。会津八一は「みほとけの　あごとひぢとに　あまでらの　あさのひかりの　ともしきろかも」と詠み、その美しさを讃えています。

春先から初夏にかけ、本堂を巡る池の外周にヤマブキの花が咲き、鮮やかな黄色が参拝者の目を楽しませてくれます。

（柏尾信尚）

昭和43年（1968）再建の本堂

DATA

[宗] 聖徳宗 [所] 生駒郡斑鳩町法隆寺北1-1-2 [電] 0745-75-2106 [交] ＪＲ法隆寺駅からバス「中宮寺前」下車　徒歩約5分 [拝] 9:00～16:00（10月1日 ～3月20日）、9:00～16:30（3月21日～9月30日）、500円（法隆寺も拝観の場合）、600円（中宮寺のみの場合） [P] 無

法輪寺【ほうりんじ】　間近で拝観できる仏さま

地図ページ 20 G-4

法輪寺は三井寺《みいでら》とも呼ばれ、推古三十年(六二二)に聖徳太子の病気平癒を願って子の山背大兄王《やましろのおおえのおう》と孫の由義王《ゆぎおう》が建立したとも、また法隆寺の焼亡後に百済聞師《くだらもんし》ら三人により建立されたとも伝わります。

伽藍は、西に塔を東に金堂を置く法隆寺の西院伽藍と同じ配置で、面積は約三分の二です。寺の南側には田園が続き、遠くからでも三重塔を望むことができます。

創建時の塔は昭和十九年(一九四四)の落雷により全焼し、今の塔は昭和五十年(一九七五)に再建されたものですが、飛鳥の建築様式を忠実に再現したもので、法隆寺・法起寺《ほうきじ》の塔とともに斑鳩三塔と呼ばれています。

講堂(収蔵庫)には本尊の木造薬師如来坐像をはじめ、木造虚空蔵菩薩立像、木造十一面観音菩薩立像、木造弥勒菩薩立像、木造地蔵菩薩立像、木造吉祥天立像が安置されており、すべて重文。ごく間近で拝観でき、中でもひときわ大きい十一面観音立像が目を引きます。あらゆる方向を向いて、厄災から救ってもらえる仏で、十一面観音八体からなる大和路秀麗八十八面観音の一つに数えられています。うしろに回ると板光背のくりぬかれた窓から頭部の暴《ぼう》悪大笑面《あくだいしょうめん》（大きく口を開け、笑っている顔）を拝観することができます。

講堂の裏手に平成十五年（二〇〇三）に竣工した妙見堂があり、秘仏・北辰《ほくしん》妙見菩薩立像と脇侍二体を祀ります。天井には全面に星曼荼羅が描かれており、妙見菩薩の縁日である四月十五日に開帳されます。

（柏尾信尚）

三重塔

DATA

宗 単立 所 奈良県生駒郡斑鳩町三井1570 電 0745-75-2686 交 ＪＲ法隆寺駅または近鉄筒井駅からバス、いずれも「中宮寺前」下車　徒歩約15分 拝 8:00～17:00（3月1～11月30日）8:00～16:30（12月1～2月末日）　500円 P 有（無料）

法起寺【ほうきじ】　日本最古の三重塔

地図ページ 20 G-4

聖徳太子が法華経を講説した岡本宮を、子の山背大兄王《やましろのおおえのおう》が寺に改めたのが法起寺です。聖徳太子建立七ヶ寺の一つに数えられ、岡本尼寺・岡本寺・池後寺《いけじり》・池後尼寺などともいわれたようです。

幹線道路の県道9号で斑鳩町に入ったところから、不意に美しい法起寺の三重塔がみえてきます。矢田丘陵の南麓に建つ高さ二四㍍の塔は、飛鳥様式を今に伝え、現存する日本最古の三重塔(国宝)です。近づくと、簡素で軒を深く出した優美な姿に接することができます。

塔は天武十四年(六八五)、恵施《えし》僧正が建立に着手し、慶雲三年(七〇六)に露盤(相輪の下部にある台)を作ったとされています。この塔の一重・二重・三重は、法隆寺の五重塔の一重・三重・五重の大きさに等しく、三重目は初重の半分で、塔の幅が上層で狭くなる割合が大きく、法隆寺との関係をうかがわせます。

江戸時代の延宝年間(一六七三〜一六八一)の修理で大きく改造され、三重の柱間も二間から三間に変更されていましたが、昭和四十五年（一九七〇）から五十年にかけての解体修理のとき、それまでの研究成果もふまえ、二層と三層の高欄（手すり）も含め、創建当時に近い形に復元されました。

法起寺は平成五年（一九九三）に「法隆寺地域の仏教建造物」として、法隆寺とともに日本で最初に世界文化遺産に登録されました。伽藍は塔が東側に建つ配置です。

秋には寺の周辺でコスモスが一斉に咲き、塔との対照を求めて多くの人でにぎわいます。

（柏尾信尚）

コスモス畑と三重塔

DATA

宗 聖徳宗 所 生駒郡斑鳩町岡本1873 電 0745-75-5559 交 ＪＲ法隆寺駅からバス「中宮寺前」下車　徒歩約15分、近鉄筒井駅からバス「法起寺口」下車　徒歩約10分 拝 8:00～17:00（2月22日～11月3日）、8:00～16:30（11月4日～2月21日） 300円 P 無

吉田寺【きちでんじ】 恵心僧都源信ゆかりのぽっくり寺

地図ページ 20 H-5

創建は古く「天智天皇が妹の間人皇女《はしひとのひめみこ》（孝徳天皇皇后）の菩提を弔うために建てさせた寺であるといわれ、境内には皇女の陵と伝えられる墳丘がある。永延元年（九八七）に恵心僧都源信《えしんそうずげんしん》が開基した」（検定本）。

源信は著書『往生要集』で広く知られる高僧で、日本浄土教の先覚者として、彼がいなければ法然や親鸞は存在しえなかったとまでいわれています。

源信が臨終の母に衣を着せかけ「南無阿弥陀仏」と唱えたところ、安らかに極楽往生をとげたといわれています。その母の三回忌にあたり、阿弥陀如来像の造立を発願しました。像高は二・二五メートルで、木造では奈良県下最大であり、別名「大和のおおぼとけ」とも呼ばれています。

この大きく美しい木造阿弥陀如来坐像（重文）の前で祈祷を受けると、長わずらいせず安らかにお迎えいただけるという信仰が広まり、「ぽっくり寺」として有名になっていきました。

境内には奈良県下には少ない、高さ一二メートルの多宝塔（重文）があります。心柱の墨書から室町時代の一四六三年の建立で、内部には源信の父の菩提追善のために造られたと伝わる秘仏・大日如来坐像が安置されています。

わが国は世界最速で高齢化が進み、今や超高齢社会のまっただ中です。高齢者対象の各種の福祉政策の充実は人々の願いですが、後生《ごしょう》願いとして、「ぽっくり寺」信仰は、これからも人々の心をいやし続けるに違いありません。

（大久保衛）

本尊の木造丈六阿弥陀如来坐像

DATA

宗 浄土宗 所 生駒郡斑鳩町小吉田1-1-23 電 0745-74-2651 交 JR法隆寺駅から徒歩約20分、JR・近鉄王寺駅からバス「竜田神社」下車　徒歩約5分 拝 9:00～16:00、300円 P 有（無料）

極楽寺【ごくらくじ】 平和の祈り広島大仏

地図ページ 20 G-5

極楽寺は聖徳太子建立四十六寺の一つとされ、当初の寺号は常楽寺《じょうらくじ》だったといわれます。その後は衰退しましたが、寛弘《かんこう》三年（一〇〇六）に恵心僧都源信《えしんそうづげんしん》が再建し、極楽寺に改称したと伝えます。

本尊の木造阿弥陀如来坐像（重文）は、平安時代の定朝様式の見事な仏さまです。また「大般若経」六百巻は、平安時代の安和元年（九六八）の書写本が伝わっています。

最近の話題は客仏の広島大仏です。この木造阿弥陀如来坐像（像高約四メートル）は、原爆投下による苦しみが癒えない昭和二十年（一九四五）、広島市民が犠牲者の霊を弔うため盛大なパレードで迎え、原爆ドーム横の西蓮寺《さいれんじ》の市民が寄進したお堂に安置したものです。

その後平和公園整備に伴う移転で昭和二十五年（一九五〇）、光禅寺《こうぜんじ》（広島市佐伯区）に安置されましたが、ここから行方がわからなくなっていました。

極楽寺が、平成十七年（二〇〇五）に譲り受けた阿弥陀像を「広島の仏さん」と聞いていたので、現住職が調べたところ、鑑定の結果左瞼《まぶた》の筋など広島にあった仏像と特徴が一致し、半世紀の時を経て所在がわかりました。阿弥陀さまのご縁で、毎年八月六日には遠く離れた安堵の地の極楽寺でも法要が営まれ、原爆犠牲者を追悼し平和を願います。広島大仏は納骨堂に安置され、ふだんは仏像保護のため拝観できませんが、この日は開帳されます。同日「広島大仏あんど祈りのつどい夢あかり（安燈会《あんとうえ》）」が開催され、町中が平和を祈る灯りで包まれます。

（西川　誠）

広島大仏　（写真提供：極楽寺）

DATA

宗 真言宗国分寺派 所 生駒郡安堵町東安堵1453 電 0743-57-2231 交 JR法隆寺駅からバス「東安堵」下車　徒歩約10分 拝 10:00〜17:00　境内自由 P 有（無料）

永慶寺【えいけいじ】 柳澤吉保・柳澤家の菩提寺

地図ページ 21 J-1

郡山城跡の南西部に位置し、鰻堀池《うなぎぼりいけ》の南にたたずむ龍華山永慶寺。本尊は木造釈迦如来坐像、左右の脇侍に阿難尊者《あなんそんじゃ》立像と迦葉尊者《かしょうそんじゃ》立像を配する釈迦三尊です。

柳澤吉保および旧郡山藩主柳澤家の歴代菩提寺で、吉保が宝永七年(一七一〇)に宇治・萬福寺第八代住持の悦峯道章《えっぽうどうしょう》禅師を招いて甲府に開山したものを、享保九年(一七二四)二代藩主柳澤吉里が、甲府から大和に国替えの際に当地に移しました。

大和郡山へ移転後は、柳澤家の信仰の場として、別邸的な要素も兼ねて歴代藩主の庇護のもと、明治維新を迎えました。廃藩後、山内の梅林を墓地として開放し、多くの人々の信仰を受け、柳澤家の菩提寺として今に受け継がれています。山門は豊臣秀長の時代に南門として建てられたもので、当時の郡山城の遺構として残る唯一の建造物です。

木造切妻桟《さん》瓦葺き、黒塗りの棟門形式の小型の門で、本柱の右側に脇戸、左側に板壁がつく素朴な意匠ですが、安土桃山時代の城門の建築様式を伝えています。

寺には、さまざまな寺宝があります。本堂内側の外陣正面に掲げられている「永慶寺」の扁額は、畳一畳分ほどもある吉保直筆の力強い筆致の大扁額で、金文字で彫成された見事なものです。また境内の仏間(香厳殿)に安置される藩祖・柳澤吉保と夫人の坐像は、京都七条大仏師の流れをくむ甲府の仏師・大下浄慶(常慶)とその子の作の木造等身大の極彩色・玉眼の像で、元禄期の作風をよく伝えています。ほかに悦峯道章像をはじめ、柳澤家に関する資料が多く残されています。(岡田充弘)

山門

DATA

宗 黄檗宗 所 大和郡山市永慶寺町5-76 電 0743-52-2909 交 近鉄郡山駅下車　徒歩約10分、JR郡山駅下車徒歩約25分 拝 9:00〜16:00　境内自由 P 有(無料)

春岳院【しゅんがくいん】 豊臣秀長の菩提寺

地図ページ 21 J-1

安土桃山時代に、郡山城主として和泉・紀伊・大和におよぶ百万石の所領を誇った大和大納言・豊臣秀長の菩提寺として、今日まで崇敬を受けています。

豊臣家の滅亡後、家臣であった藤堂高虎から秀長の墓所「大納言塚」と位牌を託された東光寺は、戒名「大光院殿前《だいこういんでんぜん》亜《あ》相《しょう》 春岳紹栄大居士《しゅんがくじょうえいだいこじ》」にちなんで、春岳院と名を変えました。

江戸時代に制作された絹本著色《けんぽんちゃくしょく》の豊臣秀長画像が本堂に安置されています。落款《らっかん》から狩野派の梅軒員信《ばいけんいんしん》の作と推定されます。

寺宝の御朱印箱と同文書は、秀長が創始した城下町の箱本制度に用いられたものです。箱本制度は、城下町の十三町が輪番で御朱印箱を持ち回り、伝馬や防災の責任を負う自治制度です。古文書には町名や町の治安、消火活動、伝馬の順番などが詳細に記録されています。そのほか、施政および城下町の発展に関わる古文書三十数点が保存されています。

本堂に向かって右側に、鎌倉中期の作と伝えられる四方仏を組み合わせた全国的にも珍しい七重石塔があります。石塔の下部の四方に、説法印の釈迦如来をはじめ阿弥陀、弥勒、薬師の四方仏が刻まれています。四方仏は手を組んでいたり、拝んでいたり、しぐさや表情が豊かで趣が感じられます。

大納言塚は、春岳院から西南約二キロメートルの市内箕山《みのやま》町にあります。安永六年(一七七七)に荒廃していた墓所を春岳院の住僧・栄隆らが復興し、五輪塔が建てられました。毎年四月二十二日には大納言祭が行われます。

(岡田充弘)

本堂

DATA

宗 高野山真言宗 所 大和郡山市新中町2 電 090-3351-5804 交 近鉄郡山駅下車　徒歩約10分、JR郡山駅下車徒歩約15分 拝 10:00〜16:30　要予約 P 無

矢田寺【やたでら】（金剛山寺）　お地蔵さんとアジサイの寺

地図ページ 21 L-1

「矢田のお地蔵さん」として親しまれている矢田寺（金剛山寺《こんごうせんじ》）は、城下町・郡山から西へ三・五㌖、矢田丘陵の中心・矢田山の中腹にあり、日本最古の延命地蔵菩薩像を安置しています。

今から約千三百年前、大海人皇子《おおあまのみこ》（のちの天武天皇）が、壬申の乱の戦勝祈願のため矢田山に登り、即位後の白鳳四年（六六四）智通僧上に勅し、七堂伽藍四十八ヵ所坊を造営したのが当寺のはじまりといわれています。当初は十一面観音菩薩と吉祥天女を本尊としていましたが、弘仁年間に満米《まんまい》上人により地蔵菩薩が安置されて以来、地蔵信仰の中心地として栄えてきました。

「各地のお地蔵様の多くは、右手に杖、左手に如意宝珠《にょいほうじゅ》を持たれているスタイルなのですが、矢田寺のお地蔵様は、そのほとんどが右手の親指と人差し指を結んだ独特のスタイルで、『矢田型地蔵』と呼ばれています」（公式ＨＰ）

境内ではみそなめ地蔵をはじめたくさんの石のお地蔵さまに迎えられ、眼下には奈良盆地がのびやかに広がります。

本堂は江戸時代の建築（県指定文化財）で、中央の厨子内には本尊の木造地蔵菩薩立像（平安時代・重文）に木造十一面観音立像（奈良時代・重文）と吉祥天女立像（室町時代）を加えた等身大の三尊を安置し、左右に二天像（奈良時代）を配しています。

境内には約六十種約一万株のアジサイが咲き誇るところから「アジサイ寺」の別名があり、さまざまに色を変える花を楽しみながら、六月一日～六月三十日には本堂の特別拝観もできます。

（水間　充）

参道から本堂を望む

DATA

宗 高野山真言宗 所 奈良県大和郡山市矢田町3506 電 0743-53-1445 交 近鉄郡山駅からバス「矢田寺」下車　徒歩約10分 拝 アジサイ開花期500円、本堂特別拝観500円 P 有（100～500円）

東明寺【とうみょうじ】 名家老・都筑惣左衛門の五輪塔

地図ページ 21 L-1

東明寺は矢田寺(金剛山寺)から近畿自然歩道を北に約一キロメートル、矢田丘陵の中腹にひっそりと立ちます。創建は古く、持統八年(六九四)天武天皇の皇子・舎人《とねり》親王が、母・持統天皇の眼病平癒を祈願して建立しました。急な石段を上り楼門をくぐると本堂があります。本尊の薬師如来坐像をはじめ毘沙門天立像、吉祥天立像がいずれも平安時代の木像で、重文です。

本堂脇の七重石塔から西に行くと、竹林に立派な五輪塔が立っています。郡山藩は豊臣秀長以来、藩主や石高がめまぐるしく変わり、寛永十六年(一六三九)姫路から本多政勝が十五万石で入城します。嫡流の政長が幼かったため、従兄弟である政勝が一時的に藩主となっていましたが、政勝は実子の政利を世継ぎにしようとしたことで騒動が起きます。ここで筆頭家老・都《つ》筑惣左衛門《づきそうざえもん》が、お家の決まりどおり嫡流の政長を世継ぎとすべし、と進言し問題は決着しました。ところが惣左衛門が慶安二年(一六四九)に亡くなり、政勝も寛文十一年(一六七一)に亡くなると、世継ぎ争いが再燃し結局、幕府の裁定により十五万石のうち政長に九万石、政利に六万石を分けました。これでおさまればよかったのですが、政利派が政長を毒殺、それが幕府に発覚し、本多家は国替えとなりました。

この一連のお家騒動を「九・六騒動」と呼びます。藩主を恐れず正しい意見を述べた忠臣・都筑惣左衛門の墓がこの五輪塔です。

東明寺は近世に矢田寺とともに、矢田村惣鎮守・矢田坐久志玉比古《やたにいますくしたまひこ》神社の神役を務めた時代もあります。

今も静かに法灯を守る古刹です。

（西川　誠）

都筑惣左衛門の五輪塔

DATA

宗 高野山真言宗 所 奈良県大和郡山市矢田町2230 電 0743-52-7320 交 近鉄郡山駅またはＪＲ大和小泉駅からバス「横山口」下車　徒歩約30分 拝 9:00〜17:00 要予約 P 有（300円）

松尾寺【まつおでら】　名工・丹波佐吉の観音さま

地図ページ 21 L-2

松尾寺は、天武天皇の皇子・舎人《とねり》親王が勅命を受けて『日本書紀』編纂にあたった養老二年(七一八)、四十二歳の厄除けと事業成就を祈願して建立し、養老四年(七二〇)無事に事業が完成したことから、日本最古の厄除け霊場として現在も多くの信仰をあつめています。

また『松尾山縁起』には、舎人親王がこの山で修行中、瑞雲がたなびき千手千眼観音菩薩が降臨し、この観音を本尊とし「国運隆盛」を祈願する寺として、朝廷の保護を受けました。

創建時の本堂は焼失しましたが、建武四年(一三三七)再建の本堂(重文)とともに造られた本尊・秘仏の木造千手千眼観音立像を今に伝えます。

寺宝として木造十一面観音立像(重文)、木造大黒天立像(重文)をはじめ各時代の仏像・仏画などを多く有しますが、珍しいものでは日本唯一の舎人親王像や円空の役行者像、なかでも初代本尊の焼損仏像は、寺を訪れた白洲正子が「トルソー」(胴体部分の彫刻)と表現し感動した様子が、著書『十一面観音巡礼』に記されています。

本堂脇を三重塔横から松尾山神社へ登る途中に、石仏を安置した楊谷《やなぎだに》観音堂《かんのんどう》があります。石仏は丹波佐吉作の十一面千手観音像です。佐吉は江戸時代末期、孝明《こうめい》天皇に石で彫った尺八を献上し、その見事さに「日本一の石工」との言葉を賜りました。独特の優しい微笑みを浮かべ、人々の眼病平癒を願っています。

頭上の阿弥陀仏や手足の指先まで表現するその細密な彫刻は、道具の少ない時代に、どのようにしてこのような石像を彫れたのか、目を疑うほどです。

（西川　誠）

石造十一面千手観音立像（楊谷観音堂）

DATA

宗 松尾山真言宗 所 奈良県大和郡山市山田町683 電 0743-53-5023 交 JR大和小泉駅からバス「松尾寺口」下車　徒歩約2km 拝 9:00〜16:00 P 有（無料）

慈光院【じこういん】　名園を愛でながらお抹茶を

地図ページ 21 K-2

大和郡山市街地の西方の小高い台地に、優美な姿を見せています。参道の石畳を上り「茶道石州流発祥之寺」の石碑が立つ一之門から茨木門を過ぎると茶の湯の世界です。

「寛文三年（一六六三）に小泉藩二代目藩主の片桐石見守貞昌《さだまさ》（石州）が、初代藩主である父貞《さだ》隆《たか》の菩提寺として、大徳寺一八五世玉舟《ぎょくしゅう》和尚を開山に迎え建立した臨済宗大徳寺派の寺院。寺としてよりも境内全体が一つの茶席として造られており、表の門や建物までの道・座敷や庭園、そして露地を通って小間の席という茶の湯で人を招く場合に必要な場所ひと揃え全部が、一人の演出そのまま三百年を超えて眼にすることができるということは、全国的に見ても貴重な場所となっている」（公式ＨＰ）。

書院（重文）は慈光院の中心的建物ですが、寺全体を茶席として演出するときに茅葺《かやぶ》きの外観は大きな意味があります。

あわせて茶室（二畳台目）、茶室（三畳）、手水鉢も重文で、どの茶席からも美しい庭園を眺められ穏やかな時を過ごせます。

石州が境内に造営した庭園は、當麻寺の中之坊庭園、吉野山の竹林院群芳園《ぐんぽう》とあわせて、大和三名園に数えられます。

石州に茶の湯を学んだ徳川四代将軍家綱や水戸光圀《みつくに》に思いをはせ、静かなたたずまいの中で抹茶をいただきながらくつろいでいると、時が過ぎるのを忘れてしまいます。


（水間　充）

書院（茶席）より庭園を望む

DATA

宗 臨済宗大徳寺派 所 大和郡山市小泉町865 電 0743-53-3004 交 JR大和小泉駅下車 徒歩約20分、近鉄郡山駅からバス「片桐西小学校」下車すぐ 拝 9:00～17:00 1000円（抹茶を含む） P 有（無料）

額安寺【かくあんじ】 忍性が出家した寺

地図ページ 21 K-3

額安寺は、聖徳太子が釈迦の祇園精舎《ぎおんしょうじゃ》にならい開山した学問道場「熊凝精舎《くまごり》」跡地に創建されたことに由来する寺で、檀家や特定の信者を持たない学問寺としての性格を今に伝えています。奈良時代に描かれた「額田寺伽藍並条里図《ぬかだでらがらんならびにじょうりず》」（国宝）には広大な寺領と七堂伽藍が描かれ、当時の隆盛がしのばれます。

学問寺としての性格上、平安時代に朝廷の支援がなくなると寺運は一気に衰退しましたが、鎌倉時代に入り高僧・忍性《にんしょう》菩薩が復興しました。忍性は額安寺で得度していました。忍性は当時貧困や病に苦しむ人々を食事や薬などによって救済し、また道路整備、治水、架橋などの土木工事を行いました。当時の教義・教学に明け暮れていた仏教界において、実践を重んじ、今でいう社会福祉事業を積極的に行いました。

忍性が亡くなったとき、遺骨は幼少期によくお参りしていた竹林寺（生駒市）、得度した当寺、亡くなった極楽寺（鎌倉市）に分骨されました。各寺には現在も立派な五輪塔が立ち、いずれも国の重文に指定されています。

当寺は忍性没後、戦国時代には戦火にもあい、再び衰退の一途をたどりました。

豊臣秀吉の命で五重塔を四天王寺に移築されたり、江戸時代以降もたびたび廃寺の危機にあいました。昭和五十年(一九七五)先々代の喜多亮快住職が私費で復興を志し、現在の姿となって聖徳太子学問道場跡のようすがを細々と伝えています。境内には忍性ゆかりで国内最古級の宝篋印塔《ほうきょういんとう》が建っています。

(鉄田憲男)

国内最古級の宝篋印塔

DATA

宗 単立 所 大和郡山市額田部寺町36 電 0743-59-1128 交 近鉄平端駅からバス「額安寺口」下車　徒歩約5分 拝 9:00〜16:30　100円(不定休) P 有(無料)

富貴寺【ふきじ】　曽我川右岸の優雅なお堂

地図ページ 21 L-4

富貴寺は大和盆地のほぼ中央、川西町保田《ほた》の中ほどに位置し、すぐ西側を曽我川が流れる田園風景の中に優雅にたたずんでいます。

長谷寺を総本山とする真言宗豊山派の寺院で、貞観年間（八五九〜八七七）に法隆寺東院（夢殿）を再興した道詮《どうせん》律師が創建したといわれ、現在は壷阪寺の末寺となっています。

本堂の屋根のバランスが美しく、静寂の中に気品漂う姿をみせています。

間口五間、奥行四間の本堂（重文）は、南北朝末期の一三八八年に建立されました。「荒廃していましたが、昭和四十年（一九六五）に解体修理が行われ、面目を一新しています。本尊は木造釈迦如来坐像（重文）で、像高八四・五㌢の檜材、寄木造り、彫眼、漆箔の坐像です。両側に地蔵菩薩立像を配していますが、本尊に向かって右側に位置する、像高九六㌢の檜材、寄木造りの木造地蔵菩薩立像も重文に指定されています」（富貴寺由来）。

年中行事としては、三月十五日に涅槃図《ねはんず》をかける「涅槃さん」、五月八日の「釈迦誕生祭」、八月二十三日の「地蔵盆」があり、富貴寺講や地域の皆さんで盛り上がります。

　また「当寺は六県《むつがた》神社の神宮寺であり、二月十一日に御田植祭のひとつである子出来おんだ祭り（県指定無形民俗文化財）が神社拝殿で行われる」（検定本）。

　近鉄結崎駅から途中の糸井神社、面塚、島ノ山古墳、比売久波《ひめくわ》神社を散策しながらのコースがおすすめです。


（水間　充）

富貴寺本堂

DATA

[宗] 真言宗豊山派 [所] 磯城郡川西町保田33 [電] 0745-44-2214（川西町教育委員会） [交] 近鉄結崎駅から徒歩約45分 [拝] 事前予約　志納 [P] 無

浄照寺【じょうしょうじ】 山門は徳川三代将軍から

地図ページ 21 K-5

近鉄田原本駅から東へ徒歩五分の市街地にある寺です。
平野権平長泰《ごんべいながやす》は、豊臣秀吉と柴田勝家の賤ヶ岳《しずがたけ》の合戦で七本槍の一人として活躍し、武功として田原本村など五千石を拝領しました（のちの田原本藩）。秀吉の没後、家康の従者となった長泰は、江戸城警護の任についたため、摂津（現・高槻市）から真宗寺院である教行寺を呼び寄せて田原本に寺内町を築かせ、その経営をゆだねました。

二代目平野長勝は幕府の命により、居住する陣屋を田原本に建てたところ、支配権をめぐる争いが起こり、教行寺は退去を命じられ箸尾（現・広陵町）に移転。領主はその跡地を二分し、北側に平野家の菩提寺となる本誓寺（浄土宗）を建立、南には円成寺を建て京都の本願寺へ寄進しました。円成寺は中本山として末寺七十二ヵ寺を有する大和五ヶ所御坊の一つとして機能し、寛延二年（一七四九）、寺号を浄照寺と改めました。

山門は、高麗門《こうらいもん》という、乗馬したまま通ることのできる背の高い門で、伏見城の城門を移築したものです。徳川家光が伏見城の解体現場へ視察のおり、供をしていた平野長泰に「そなたは賤ヶ岳では槍で名をはせたが、今一度腕前を見たい。槍でこの俵をどこまで投げられるか」と問いました。すると長泰は俵を穂先にかけ「エイヤッ」と投げ上げ見事俵は城門を越え、褒美としてその門を拝領したと伝えます。

明治天皇は大政奉還を世に知らせるため各地を巡行しました。明治十年(一八七七)浄照寺行幸のおりは馬車から降りずにこの門を通り、境内に入ったそうです。

(日野益博)

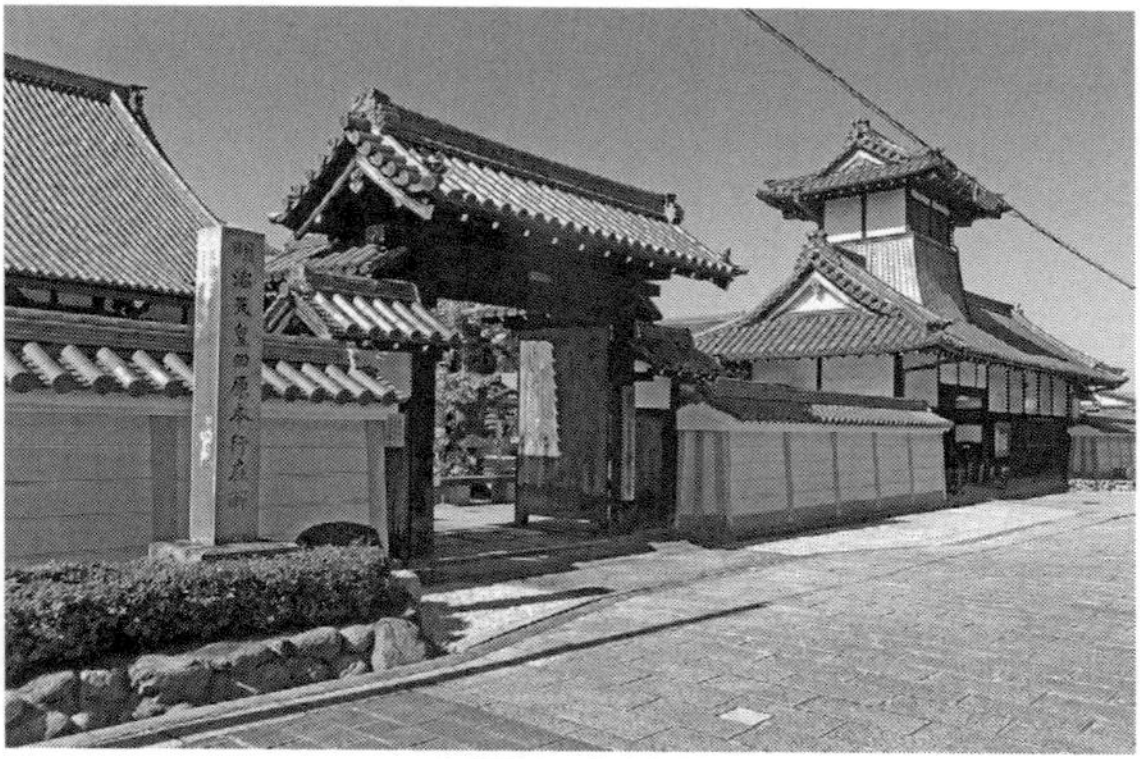

山門と太鼓楼

DATA

宗 浄土真宗本願寺派 所 磯城郡田原本町茶町584 電 0744-32-2477 交 近鉄田原本駅から徒歩約5分 拝 8:00〜17:00　境内自由　本堂拝観は要予約 P 有(無料)

補巌寺【ふがんじ】　世阿弥参学の地

地図ページ 21 J-5

補巌寺は磯城郡田原本町の南東、味間《あじま》の集落のなかにあります。江戸時代末に本堂が焼失し、山門・庫裏・鐘楼などだけが残っています。

この寺は、室町時代に能楽を大成した世阿弥《ぜあみ》が禅を学んだ寺です。それを発見したのは、神戸市在住の在野の能楽研究者・香西精《こうさいつとむ》（一九〇二〜一九七九）と、法政大学の能楽研究者・表《おもて》章《あきら》（一九二七〜二〇一〇）の両氏でした。

生駒聖天・宝山寺には「ふかん寺」と世阿弥が書いた手紙が残っており、香西氏は、それが田原本町の補巌寺であるとする学説を昭和三十三年（一九五八）に発表していました。

関東在住の表氏は翌年関西に来たとき、この寺を訪れ古文書等を確認すると「納帳《のうちょう》」という土地台帳が四冊見つかりました。表氏が調査した結果、世阿弥が田地を寄進していたこと、命日が八月八日と記載されていることを発見。知らせを聞いた香西氏も納帳を調べ、世阿弥の妻の名前の記載があるのを発見し、自らの学説が正しいことを証明しました。

この大発見により門前に「世阿弥参学之地」の碑が建てられました。
世阿弥は幼少の頃から室町幕府三代将軍足利義満《よしみつ》にかわいがられていましたが、六代将軍義教《よしのり》の時代になると不遇となり、佐渡島に流罪となりました。その後佐渡島で亡くなったのか、京や大和に戻ってきたのかは分かりませんが、「納帳」に命日が八月八日であることが記録されていることから、若い頃に禅を学んだ補巌寺に妻とともに身を寄せ、この地で亡くなったとも考えられます。

（大山恵功）

山門

DATA

宗 曹洞宗 所 奈良県磯城郡田原本町味間847 交 近鉄笠縫駅から徒歩約25分 拝 境内自由 P 無

内山永久寺跡【うちやまえいきゅうじあと】

廃仏毀釈で消えた幻の大寺

地図ページ 22 M-1

内山永久寺は、廃仏毀釈により明治八年（一八一五）前後に廃絶した阿弥陀如来を本尊とする真言宗古義派の大寺院で、山号は内山でした。

永久年間（一一一三～一一一八）に鳥羽天皇の勅願により興福寺大乗院の隆禅の弟子・頼実《らいじつ》法印が建立した年号寺で、平安時代には多くの坊舎をかかえていました。

山の辺の道沿いの本堂池を中心とする一帯にあったとされ、中世には大乗院の末寺として隆盛を誇っていました。『太平記』には後醍醐天皇が吉野に移る際立ち寄ったとの記述があり、その跡は「萱《かや》の御所跡」と呼ばれています。

文禄四年（一五九五）豊臣秀吉から九百七十一石を寄進され、江戸時代にもこの石高が受け継がれ、興福寺、東大寺、法隆寺などに次ぐ待遇を得て幕末に至ります。

ところが明治維新後、寺領の返還、境内地の土地・建物の売却等が行われ、廃絶しました。現在、田畑の中に残る本堂池と萱の御所跡の碑に、往時をしのぶことができます。

鎮守・住吉社の拝殿が、石上神宮摂社の出雲建雄《いずもたけお》神社の拝殿（国宝）として移建されて現存しています。

また廃絶によって散逸した寺宝は各地の寺院や美術館に伝わっており、主なものだけでも東大寺の持国天・多聞天像（重文）、藤田美術館の両部《りょうぶ》大経感得図（国宝）や東京・世田谷山観音寺の木造不動明王立像並びに八大童子像（重文）など名品ぞろいです。これらの移建された建物や旧蔵の寺宝からも、内山永久寺の往時の繁栄をうかがうことができます。

（岡田充弘）

本堂池畔に残る内山永久寺の碑

DATA
[所] 奈良県天理市杣之内町 [電] 無 [交] ＪＲ・近鉄天理駅からバス「勾田（まがた）」下車　徒歩約30分 [拝] 自由 [P] 無

長岳寺【ちょうがくじ】「大地獄絵」紅葉時期に開帳

地図ページ 22 N-2

山の辺の道沿い龍王山の麓に、淳和天皇の勅願で空海が天長元年(八二四)に大和《おおやまと》神社の神宮寺として創建した古刹。鎌倉時代末期には興福寺大乗院門跡が門主になるなど、最盛期には四十八坊を数えたと伝わります。しかし文亀三年(一五〇三)の兵火で伽藍が焼失、豊臣秀吉による寺領没収などの試練を経て、慶長七年(一六〇二)に徳川家康から寺領が与えられ再興。江戸時代には二十坊を数えたといいますが、明治維新期の廃仏毀釈で打撃を受けました。

長い歴史を背景に文化財を数多く所蔵しています。江戸時代再建の本堂には運慶の父・康慶の作とされる本尊の木造阿弥陀如来坐像と脇侍の観音・勢至両菩薩坐像を安置。重文で三像とも日本初の水晶による玉眼《ぎょくがん》を使用、脇侍はともに外側の足を蓮華座から垂らす珍しい姿です。建造物では日本最古という鐘楼門も重文で、空海創建当初の部分も残るとされます。

拝観したいのが、江戸時代初期の狩野山楽作と伝わる県指定文化財の「大地獄絵」(正式名称は「紙本著色六道絵」)。縦三・五メートル、横一一メートルと大型で、地獄道、餓鬼道などのありさまが九幅に分けて克明に描かれています。

「花の寺」と称され、紅葉と合わせるように毎年十月下旬から十一月末まで本堂で開帳され、住職による絵解き説法も人気です。

「今、私達がこの図をみて感じることや図本来の意味は、来世のことや、また運命決定論的な前世の因縁を説くことにあるのではなく、この図はまさしく現世（人間界）を告発している図であるということでしょう」（公式ＨＰ）。

（久門たつお）

毎年秋に開帳される「大地獄絵」

DATA

宗 高野山真言宗 所 天理市柳本町508 電 0743-66-1051 交 JR柳本駅から徒歩約20分、JR・近鉄桜井駅、JR・近鉄天理駅からバス「上長岡（かみなんか）」下車　徒歩約10分 拝 9:00～17:00　400円 P 有（無料）

平等寺【びょうどうじ】　廃寺からの復活と島津家とのご縁

地図ページ 22 N-3

大神神社《おおみわ》から桜井市金屋方面に向かう山の辺の道沿いに、平等寺はあります。聖徳太子の開基と伝わり、大神神社の神宮寺として別当の地位にあり、鎌倉時代には七堂伽藍《しちどうがらん》十二坊を有する大寺院でしたが、明治の廃仏毀釈により堂舎は破壊され、廃寺となってしまいました。

しかしその直後、売却された境内地は、地元住民が買い受けて寺に寄進しました。当時の住職と地元有志は、同寺の塔頭《たっちゅう》の一部を境内に移し、本尊・木造十一面観音菩薩立像（秘仏。毎年八月一日のみ開扉）をはじめ諸仏を安置して、寺号も翠松庵《すいしょうあん》とし、曹洞宗に改宗して法灯を守りました。当時の住民の「お寺を何とか守ろう」との信仰の篤さの表れです。

廃仏毀釈から約百年目を迎えた昭和五十二年（一九七七）、「三輪山平等寺」と寺号も復興され、住職の十六年におよぶ托鉢行脚《たくはつあんぎゃ》の勧進活動によって、伽藍も立派に整備されました。

寺には、薩摩の島津家との不思議な縁があります。慶長五年（一六〇〇）関ヶ原の戦いに敗れた島津軍は、徳川軍の陣中を突破し、島津義弘主従十四人は平等寺に落ちのびました。寺には七十日間かくまわれ、住職から銀一貫目を借りて帰りの船を買い、薩摩に帰還したそうです。それ以来、島津家は平等寺を大事にして、江戸時代中期には護摩堂《ごまどう》を寄進し、幕末までの毎年、米四十石と祈祷料銀五枚を奉納したそうです。

当時、平等寺の援助がなければ島津家の存在も疑わしく、薩長同盟も明治維新も違った形になっていたかも知れません。島津家とのご縁は、現在もなお続いているとのことです。

（前田昌善）

護摩堂を正面にした境内

DATA

宗 曹洞宗 所 奈良県桜井市三輪38 電 0744-42-6033 交 ＪＲ三輪駅から徒歩約10分 拝 無料（本堂拝観は要予約）Ｐ 有（無料）

長谷寺【はせでら】馬頭夫人とボタン

地図ページ 22 M-3

長谷寺は、飛鳥時代に天武天皇の病気平癒のために道明上人《どうみょうしょうにん》が銅板法華説相図《どうばんほっけせっそうず》（国宝）を安置したのが始まりで、奈良時代には聖武天皇の勅願で徳道上人《とくどうしょうにん》によって十一面観音菩薩像が祀られ、以後観音信仰の霊場として、多くの人が訪れるようになりました（西国三十三所第八番札所）。行事では毎年二月十四日に行われる追儺《ついな》祈願の「だだおし法要」がよく知られています。

春（四月〜五月）には約七千株のボタンの花が咲き、名所として知られますが、ボタンが植えられた背景には、このような伝承があります。

今から千二百年ほど前、中国・唐の皇帝夫人に、馬頭夫人《めずぶにん》と呼ばれる女性がいました。情深く、奥ゆかしいことから皇帝から寵愛《ちょうあい》されていましたが、顔が長く鼻の形は馬のようでした。他の后からは妬まれ、失脚もたくらまれましたが、ある時、仙人に相談したところ、日本にある長谷寺の観音さまに祈願すれば良いといわれ、夫人は一心に念じました。すると、夫人の姿は端正で威厳のある女性らしい顔立ちになったといい、そのご利益に喜んだ夫人は、長谷寺に宝物などを贈りました。その中にあったのがボタンの種で、以後、長谷寺はボタンの名所となっていったと伝えます。

本尊の重文・十一面観音立像は百八間、三百九十九段の登廊《のぼりろう》を上がった先、徳川家光寄進の舞台造りの本堂(国宝)に安置されています。

左手に水瓶《すいびょう》、右手に錫杖《しゃくじょう》を持ち、観音菩薩と地蔵菩薩の両徳を兼ねた独特の姿から、長谷寺式または長谷型観音と呼ばれ、木造の仏像としては国内最大級の一〇メートル余を誇ります。

(楠田英雄)

ボタン　(写真提供:奈良県ビジターズビューロー)

DATA

宗 真言宗豊山派 所 奈良県桜井市初瀬731-1 電 0744-47-7001 交 近鉄長谷寺駅から徒歩約20分 拝 8:30～17:00(4～9月)、9:00～17:00(10～11月、3月)、9:00～16:30(12～2月)、500円 P 70台(有料)

石位寺【いしいでら】　住民が守る白鳳時代の石仏

地図ページ 22 N-4

外鎌山《とがまやま》と音羽山《おとわやま》にはさまれた、時が止まったような山あいの里・忍阪《おっさか》。街道に面した小高い丘の上に石位寺があります。創建も歴史も明らかではありませんが、国内で現存する石仏で最も古く、日本で一番美しいといわれる「伝薬師三尊石仏」があります。

収蔵庫の扉を開くと、高さ一《メートル》余り、光背が丸みをおびた三角形の三尊石仏があらわれます。微笑みを浮かべて台座に腰掛けた中尊と、合掌して立つ脇侍が驚くほど鮮やかに彫り出されています。端正な顔立ちで繊細な身体の線、唇や法衣にわずかに残る朱色、遠近法を巧みに取り入れた方形の台座、頭上の天蓋《てんがい》と傍らの水瓶《すいびょう》も印象的です。

近くの粟原寺《おおばらでら》から移され、かつて万葉歌人・額田王の念持仏だったという伝承も石仏の魅力を高めます。また大正五年（一九一六）に関野貞《せきのただし》が白鳳時代（六四五〜七一〇）の石仏と鑑定、旧国宝（現・重文）に指定されました。川端康成をはじめ数多くの文人や学者が、この仏をお参りしました。

旧本堂（薬師堂）は元禄二年（一六八九）に領主だった奈良奉行・大岡忠高（大岡越前守忠相《ただすけ》の父）が、資金援助して建立したといわれています。昭和五十三年（一九七八）に建て替えられた礼拝堂越しに見通す石仏の姿も、趣きがあります。西側の自然石階段のたたずまい、境内からの眺めの美しさも定評があります。夏には石段の上に赤いサルスベリが咲きます。

現在はいずれの宗派にも属さず、忍阪区民の手によって守られています。

（小野哲朗）

伝薬師三尊石仏

DATA

所 奈良県桜井市忍阪870 電 0744-42-9111（桜井市観光まちづくり課）交 JR・近鉄桜井駅からバス「忍坂」下車　徒歩約5分 拝 要予約（桜井市観光まちづくり課）300円 P 有（無料）

聖林寺【しょうりんじ】天平の美仏を守る

地図ページ 22 O-4

桜井市街から東南へ、多武峰街道の入口にあたる山の中腹に静かなたたずまいをみせる名刹です。山門に立つと箸墓古墳や三輪山など古《いにしえ》より大和青垣と称される山々が一望に見渡せます。

寺伝には多武峰妙楽寺(現在の談山神社)の別院として藤原鎌足の子、定慧《じょうえ》が創建したとあります。本尊は丈六の石造子安延命地蔵坐像です。体に比べて大きな白いお顔に圧倒されますが、唇に紅をさした柔和な表情は女性を思わせ和みます。

江戸時代に僧・文春《もんしゅん》が難産に苦しむ人を思い、全国行脚で集めた浄財をもとに造像したと伝えられ、安産や子授けに御利益があると親しまれています。

寺宝の中で特に有名なのが、観音堂安置の国宝・十一面観音菩薩立像です。お身の丈《たけ》約二米《メートル》、左手に水瓶《すいびょう》を持ち直立する流麗な姿は、まさに天平時代を代表する仏像と、フェノロサや『古寺巡礼』を著した和辻哲郎をはじめ、多くの人々を魅了しました。

もとは大神《おおみわ》神社の神宮寺であった大御輪寺《だいごりんじ》の本尊でしたが、明治の神仏分離で慶応四年(一八六八)に大御輪寺をお出になりました。ヒノキで造られた本来の光背は長い歴史のなかで破損が進み、現存するごく一部は奈良国立博物館に寄託されています。明治の旧国宝制度、昭和の新国宝制度が制定された際、いずれも第一回の国宝指定を受けています。

本堂の縁側からは三輪山の美しい稜線がよく見え、かつてその山裾にあったふるさと旧大御輪寺が身近に実感できます。

(道﨑美幸)

国宝・十一面観音菩薩立像

DATA

宗 真言宗室生寺派 所 奈良県桜井市下692 電 0744-43-0005 交 JR・近鉄桜井駅からバス「聖林寺」下車　徒歩約5分 拝 9:00〜16:30、400円 P 有(有料)

安倍文殊院【あべもんじゅいん】国宝・文殊菩薩と出会う

地図ページ 22 O-4

安倍文殊院は、安倍一族によって古代に創建された安倍寺を前身とします。戦火を逃れて鎌倉時代に現在地に移転してきました。

本尊は智恵の文殊といわれる木造文殊菩薩像で、台座の獅子を含めて高さが七㍍《メートル》もあり、誰もがその巨大さに驚きます。

中央に文殊菩薩像、向かって右手には全体を先導する善財童子《ぜんざいどうじ》像、獅子の手綱をとる優填王《うてんおう》像が安置され、左手には須菩提《すぼだい》像と維摩居士《ゆいまこじ》像が配されています。文殊菩薩が脇侍とともに雲海を渡り人々を救済する旅を続ける姿であり、これを渡海《とかい》文殊菩薩群像といいます。

文殊菩薩像は鎌倉時代の大仏師・快慶の手によって建仁三年(一二〇三)に造立されました。それが体内の墨書きにより判明し、さらに善財童子像、優填王像、須菩提像の三体も快慶が造立したことがわかっています。また左端の維摩居士像は安土桃山時代の奈良仏師・宗印の補作、文殊菩薩の台座となっている獅子像も同時代の補作とされています。

渡海文殊菩薩群像は平成二十五年（二〇一三）、補作された脇の四像を含め、五体そろって国宝に指定されました。

安倍文殊院は「学問の仏さん」として、各種試験の合格を祈願する参拝者で、季節を問わずにぎわいます。

十一月から翌年の四月までは、干支の十二支をパンジーで描いた「ジャンボ花絵」が境内に作られます。花絵には「合格」の文字が書き込まれることから、春の受験シーズンまで人気となっています。

（雑賀耕三郎）

渡海文殊菩薩像　（写真提供：安倍文殊院）

DATA

宗 華厳宗 所 奈良県桜井市阿部645 電 0744-43-0002
交 近鉄・JR桜井駅下車　徒歩約20分 拝 9:00〜17:00
700円（お抹茶・菓子つき） P 有（500円）

山田寺跡【やまでらあと】　よみがえった飛鳥の輝き

地図ページ 22
O-4

昭和五十七年（一九八二）桜井市山田の山田寺跡から、古代寺院の回廊の部材が発掘されました。柱や連子窓《れんじまど》が組み合わさったままで、回廊の姿や建築方法などが実物で今に伝えられました。発掘された東面回廊は多武峰の山裾にあたり、豪雨によって生じた土石流によって、押し倒されたとみられます。

山田寺は、大化の改新の推進者であった蘇我倉山田石川麻呂《そがのくらやまだのいしかわまろ》によって造営が着手されました。金堂が完成し回廊も作られたところで、石川麻呂は謀反の疑いをかけられ、寺で自害します。

寺の造営はいったん中止となりますが、その後に工事が再開され、天武十四年（六八五）には本尊の丈六仏（銅造薬師如来像か）の開眼供養が行われました。

歴史は巡り、平安時代以降は衰退に向かいます。塔と金堂を火事で失い、丈六仏も興福寺衆徒によって持ち去られてしまいます。この仏像は「国宝・銅造仏頭」として興福寺国宝館に展示されています。

　山田寺跡は国の特別史跡に指定されています。中門、塔、金堂が一直線に並び、それを回廊が取り巻く伽藍配置で、飛鳥時代の寺院の姿が典型的に示されています。

　発掘された大量の建築部材は、西三〇〇メートルの飛鳥資料館で展示されています。保存状態の良かった三間分の部材は組み立てられ当時の回廊の姿を再現しています。

　飛鳥資料館とあわせての見学がおすすめです。


（雑賀耕三郎）

山田寺跡

DATA

所 奈良県桜井市山田1258 電 無 交 JR・近鉄桜井駅からバス「山田」下車　徒歩約5分 拝 無料 P 有（無料）

観音寺【かんのんじ】　崇敬者手づくりの参道

地図ページ 22 N-5

桜井市と宇陀市の境にある音羽三山（音羽山、経ヶ塚山、熊ヶ岳）の一峰である標高八五二メートルの音羽山は、竜門山地の東北部を占めています。その西斜面の中腹に「音羽の観音さん」と呼ばれる観音寺があります。ＮＨＫテレビ「やまと尼寺 精進日記」でよく知られているこの寺は、寺伝によると藤原鎌足を多武峰妙楽寺（現在の談山神社）に祀った際、鬼門除けの寺として鎌足自作の梅の木の観音像を祀ったのが始まりとされています。平安時代初期には諸堂諸坊が多数あり、上院下院に分かれ「音羽百坊」といわれました。現在の本堂はその当時の奥の院だったそうです。

本尊は木造千手千眼十一面観音立像で、古くから眼病平癒《へいゆ》に霊験《れいげん》あらたかとして参拝者が絶えません。毎月十七日に営まれる観音縁日や、四月の大般若会、十一月の「お葉つき銀杏《いちょう》まつり」には全国から多くの参拝者が訪れにぎわいます。また本堂の東に「音羽の滝」があります。この滝水は眼病に霊験があるといわれる大和の名水です。「ケガで失明寸前のところ、音羽観音に百日参りをして視力を取り戻し、天寿を全うするまで健康で過ごせた感謝の証として参道整備の誓願をたてる」と刻まれた「報恩《ほうおん》感謝の道」の石碑が、観音寺入り口に建てられています。ある崇敬者が、父親の満願成就に感謝し、平成三年（一九九一）から二十年以上かけて参道の木の根や岩を取り除いて道幅を拡げ、急な坂に石垣を築きました。

参詣者を迎える約一キロメートルにおよぶ手づくりの参道は、音羽観音霊験の証しとして、後世に語り継がれていくことでしょう。（道崎美幸）

音羽山の登山口でもある参道入口

DATA

宗 融通念仏宗 所 奈良県桜井市南音羽832 電 0744-46-0944 交 ＪＲ・近鉄桜井駅からバス「下居（おりい）」下車徒歩約45分 拝 9:00〜16:30　境内自由 P 有（無料）駐車場から徒歩約30分

妙楽寺跡【みょうらくじあと】（談山神社）談山神社に残る妙楽寺の輝き

地図ページ 22 N-5

談山《たんざん》神社の階段を登り切ると、右手に神を祀る神殿、左手には仏教建築と見える木造の十三重塔を見ることができます。

藤原鎌足を弔うために多武峰《とうのみね》に十三重塔を建立し、塔を拝む位置に妙楽寺という講堂が建てられました。講堂は多武峰の信仰の中心となり、妙楽寺というお堂の名は一山の総称にもなっていきました。塔と並んで藤原鎌足を神として祀る聖霊院《しょうりょういん》が建立され、神とともに仏を祀る神仏習合の多武峰の信仰が確立しました。

明治維新によって、神仏習合の妙楽寺は根底から揺さぶられました。神仏分離を求められた僧侶は、妙楽寺を廃寺とし多武峰を神社にすると決めます。それに伴い仏教的要素は境内から排除されていきます。講堂の本尊だった阿弥陀如来像は桜井市内の別の寺院に移されます。壁に描かれていた仏教画も失われ、妙楽寺の名を持つ講堂は神廟拝所《しんびょうはいしょ》と名前を変えました。

この壁画が百年を経て復活しました。昭和四十二年（一九六七）の調査で壁を覆っていた白い板が外されました。そこに十六羅漢図と鼓《つづみ》や笙《しょう》をもって空を飛ぶ飛天の壁画が残されていました。

狩野派の絵師によって描かれた壁画はそのまま神廟拝所で公開されており、いつでも拝観することができます。参拝者からは飛天の美しさに驚嘆の声が上がります。

妙楽寺は廃寺とされましたが、十三重塔などの仏教建築が残りました。境内のいたるところに光り輝いていた妙楽寺の残照を垣間見ることができ、これも談山神社の魅力の一つとなっています。

（雑賀耕三郎）

笙を持つ飛天（神廟拝所の壁画）

DATA

所 奈良県桜井市多武峰319 電 0744-49-0001 交 JR・近鉄桜井駅からバス「談山神社」下車　徒歩約5分 拝 8:30〜17:00　600円 P 有（無料）

佛隆寺【ぶつりゅうじ】 花の寺は大和茶発祥伝承の地

地図ページ 23 Q-2

平安時代前期、空海の高弟堅恵《けんね》創建と伝わりますが、それ以前、興福寺の修円創建ともいわれています。

門前約二百段の石段の横にある見事な樹勢の千年桜（モチヅキザクラ）は、ヤマザクラとエドヒガンの交配種で県内最古といわれ、県指定天然記念物です。

秋のヒガンバナも見ごたえ一杯で、室生寺の南門として伊勢本街道赤埴《あかばね》の関から室生寺への参道だったことをしのばせる華やかさがあります。花の咲くころは佛隆寺だけでも満足できますが、健脚なら室生寺までの古道を歩くのもおすすめです。

佛隆寺にはもう一つお茶の物語があります。空海が唐からの帰朝に際し、日本で最初に持ち帰ったお茶の種を堅恵に播かせたのをはじめとして、大和茶が栽培されてきました。

本堂内には空海が持ち帰ったと伝えられるお茶を引く石臼も現存しています。いかにも古風な茶臼は、宇陀松山藩主・織田長頼が茶会に借り受け返却を滞っていたところ、茶臼に彫られたキリンが夜な夜な寺へ帰りたいと暴れるので、怒って投げ捨てたため欠けたという金継ぎの黄金色が、堂内の暗い中でもまばゆく映ります。

昭和五十年(一九七五)十月、第二十九回全国茶業祭が奈良県で開催されたとき、地元産のお茶が農林大臣賞をはじめ多くの賞を獲得し、大和茶の最優秀生産地の名をほしいままにしたとあり、これを機に「大和茶発祥伝承地」の記念碑を境内に建立しました。

境内では、おいしい大和茶の抹茶もいただけます。

(若林　稔)

大和茶発祥伝承地の記念碑

DATA

宗 真言宗室生寺派 所 奈良県宇陀市榛原赤埴1684
電 0745-82-2714 交 近鉄榛原駅からバス「高井」下車　徒歩約30分 拝 9:00～16:30　入山料200円、本堂拝観300円 P 無料

戒長寺【かいちょうじ】　銅の梵鐘にみる歴史

地図ページ 23 Q-1

宇陀市の北部にそびえる額井岳《ぬかいだけ》、それに連なる戒場山《かいばさん》の深い森の中に戒長寺はたたずんでいます。「真言宗御室《おむろ》派に属し、薬師如来をご本尊として戒場薬師といわれてきました。用明天皇の勅願により聖徳太子が建立し、その後は空海が伽藍を整えました。平安時代には数多くの子院がありました」と、米野住職が寺の歴史を語ります。

戒場の集落から長い石段を登ると山門につきます。門は鐘楼を兼ねる鐘楼門です。吊られている銅製の梵鐘《ぼんしょう》が戒長寺の歴史を考える鍵となります。

正応四年(一二九一)に造られたこの鐘には「大和国宇陀郡山辺内 戒長寺之薬師仏鐘也」と刻まれ、薬師仏の鐘であることが示されています。鐘の表面には十二神将像が鋳出されていて、注意深く見上げれば誰でも拝観することができます。

薬師如来を守護するのが十二神将の役割で、それを眷属《けんぞく》といいます。生活に追われ病気に苦しめられている山里の民の声に耳を傾け、手を差し伸べた薬師如来、十二神将はその眷属として鐘の音とともに多くの民に薬師の思いを送り続けてきたのではないでしょうか。

十二神将の健気さに、心が打たれます。

境内のイチョウの幹周りは四《メー》《トル》を越え、樹勢も旺盛です。晩秋にはイチョウの落ち葉で黄金色に染まります。

葉の縁にギンナンが実るという「お葉つきイチョウ」(県指定天然記念物)としてよく知られています。

(雑賀耕三郎)

十二神将が浮き彫りされた梵鐘

DATA

宗 真言宗御室派 所 奈良県宇陀市榛原戒場386
電 0745-82-2841 交 近鉄榛原駅からバス「天満台東3丁目」下車　徒歩約30分 P 有

室生寺【むろうじ】 龍の住む水の聖地

地図ページ 23 P-2

三重県との県境に近い山深い地にある室生寺。この地は約千五百万年前の室生火山群の中心部とされ、宇陀川、名張川、木津川と名を変え、最後には淀川となって大阪湾に注ぐ水源地であることから、水を司る神である龍が住む地とされ、信仰された場所でした。

近くにある龍穴(洞穴)が古くから信仰を集め、その近くに祀られた龍穴神社の神宮寺として開かれたという説があります。また奈良時代末期「重い病にかかった皇太子時代の桓武天皇を治そうと僧五人が延命の法を修めた山中に、興福寺大僧都賢璟《けんけい》が国家のために開いた山寺が、現在の寺であるともいう」(検定本)。

その後も雨乞いの祈願のために興福寺の僧侶が派遣されることが恒例化したといい、興福寺の末寺としての関係が強くなりました。江戸時代以降、徳川綱吉の母である桂昌院《けいしょういん》が興福寺から離したことで真言宗の寺院になり、当時女人禁制であった高野山に対して、女性でも参拝できる「女人高野《にょにんこうや》」と呼ばれるようになりました。

五重塔の上には水煙《すいえん》ではなく、壺状の宝瓶《ほうびょう》と傘状の宝蓋《ほうがい》が乗る珍しい形式になっているのは、龍神が宝瓶に封じ込められているからと伝わり、境内に近くの「吉祥龍穴《きっしょうりゅうけつ》」を遥拝《ようはい》する天神社を祀るなど、龍神信仰を今に伝えています。

奈良から離れた山中にあるため兵火を受けず、数多くの建築と彫刻が残ります。金堂、五重塔、本堂、釈迦如来立像、十一面観音立像、釈迦如来坐像が国宝に指定されます。西国薬師第八番札所で、シャクナゲと紅葉でも知られます。（楠田英雄）

五重塔

DATA

[宗] 真言宗室生寺派 [所] 奈良県宇陀市室生78 [電] 0745-93-2003 [交] 近鉄室生口大野駅からバス「室生寺前」下車すぐ [拝] 8:30～17:00（4月～11月）、9:00～16:00（12～3月）600円 [P] 有（有料）

大野寺【おおのじ】 磨崖仏で知られる古寺

地図ページ 23 P-1

開山は役小角《えんのおづぬ》と伝えられ、「天長元年（八二四）に空海が室生寺を創始した際、当寺を西の大門として堂を建て、弥勒菩薩を祀り、慈尊院弥勒寺と名づけた」（検定本）。その後、地名から大野寺といわれるようになりました。

この寺を有名にしているのは、宇陀川をへだてた対岸の大岸壁に刻まれた弥勒磨崖《まがい》仏です。大野寺石仏として知られるこの仏像は、鎌倉時代の初めに後鳥羽上皇の勅願により制作が進められました。

三年後の承元三年（一二〇九）には上皇臨席のもと開眼供養が行われ、そのとき石仏胎内に納められたと記録のある小さな巻物が、大正時代になって実際に発見されました。その後石仏は国史跡に指定されました。

岩壁を高さ一三・八メートル《メートル》にわたって光背の形に平らに掘りくぼめ、その中に高さ一一・五メートル《メートル》の弥勒仏立像を線で描く「線刻」という技法が使われています。

岩壁をよく観察すると、岩肌が柱のような形になっています。地殻変動の際、火山の溶岩が冷えるときにおこる現象で柱状節理《ちゅうじょうせつり》と呼ばれています。

境内の樹齢約三百年のシダレザクラは毎年春に見事な花をつけますが、これを前景にした入江泰吉の作品に「大野寺のしだれ桜と磨崖仏」があります。このアングルを実に約三十年間通いつめて撮ったというエピソードも残っています。

（大久保衛）

対岸の大野寺石仏

DATA

宗 真言宗室生寺派 所 奈良県宇陀市室生大野1680
電 0745-92-2220 交 近鉄室生口大野駅から徒歩約5分
拝 8:00～17:00（冬期は ～16:00） 300円 P 有（無料）

青蓮寺【せいれんじ】　中将姫が見守る尼寺

地図ページ 23 Q-4

宇陀市菟田野の里から杉林に囲まれひっそりとした山道をたどると、日張山《ひばりやま》の山中に、天平神護元年（七六五）、中将姫により開基されたという尼寺・青蓮寺があります。山門からまっすぐ急な階段を上りパッと視界が開けた境内には、本尊の阿弥陀如来坐像を祀る本堂、中将姫坐像を祀る開山堂があります。現在の堂宇は、幾多の災害のあと弘化四年（一八四七）に再建されたものです。中将姫ゆかりの寺で、開山堂ではご住職による中将姫伝説を拝聴できます。

中将姫は奈良時代、右大臣藤原豊成の娘で、五歳のとき実母を亡くします。十四歳のとき継母の讒言《ざんげん》により、人里離れた日張山で殺されかけますが、家臣・松井嘉藤太の温情により助けられ、この山中に草庵を作って二年半かくれ住みます。ご詠歌「なかなかに山の奥こそすみよけれ草木は人のさがを言わねば」は、この山中での念仏三昧の生活のなかで詠まれたものです。のちに父と再会して都に連れ戻されますが、華やかな生活を捨て當麻寺で出家します。姫が十九歳のとき、かつて過ごしたこの地を訪れ、嘉藤太の菩提を弔うために建てたのが青蓮寺です。當麻寺で阿弥陀の化身の尼僧に助けられ、ハスの糸で曼荼羅を織り上げた姫は二十九歳の宝亀六年(七七五)四月十四日、生きながら西方極楽浄土に迎えられました。

千二百年以上続けられている中将姫の回忌法要(会式)は、毎年四月の第二日曜日に行われます。日常の喧騒から離れて過ごす信仰の場であり、かくれ里の雰囲気漂う境内は、ただ静寂のみ。そして今も中将姫が見守ってくれています。

(寺田麻美)

本堂(向かって左)と開山堂

DATA

宗 浄土宗 所 奈良県宇陀市菟田野宇賀志1439 電 0745-84-2455 交 近鉄榛原駅からバス「松井橋」下車　徒歩約60分 拝 9:00〜17:00(夏季)、9:00〜16:00(冬季)　事前連絡要 P 有(無料)

大願寺【だいがんじ】 宇陀松山藩・織田家の祈願所

地図ページ 23 R-3

道の駅「宇陀路大宇陀」の西側に大願寺があります。「薩埵山《さったさん》大願寺と称し、聖徳太子が蘇我馬子に命じて建立したと伝えられており、本尊・十一面観音菩薩は、神亀《じんき》元年（七二四年）徳道上人の作と伝承しています」（公式ＨＰ）。

元和元年（一六一五）から約八十年間、織田信長の次男で初代藩主織田信雄《のぶかつ》から二代高長《たかなが》、三代長頼《ながより》、四代信武《のぶたけ》が宇陀松山藩を治めました。高長は本尊の信仰が篤く、当寺を祈願所としました。長頼は京都・鞍馬寺の像と同作と伝えられている毘沙門天《びしゃもんてん》を祀り、信武は、毘沙門堂を建立しました。

苔むした石段を登り、信武直筆の「薩埵山」の扁額が掲げられた山門をくぐると、正面に毘沙門堂が見えます。堂の前では、狛犬《こまいぬ》ではなく尾が長くスマートな狛虎が守っています。虎は、毘沙門天の使いといわれています。堂の横には、姿がユーモラスなので「おちゃめ庚申」と呼ばれる庚申石像、右奥の本堂には、本尊・木造十一面観音菩薩立像が祀られています。

毘沙門堂の左側の石段を少し登ると、閑静な木立の中に織田家歴代の氏神である白山権現社が鎮座しています。この神社は、長頼ゆかりの加賀の国(石川県)白山神社の分霊を当寺に迎えたものです。

境内には、イチョウ、ヤマザクラ、カエデなどが植えられ、四季折々の景色が楽しめます。四月下旬から五月中旬、新緑の中にハンカチノキの白い花が風に揺れるさまは見ごたえがあります。お寺では、おいしい薬草料理も味わえます(要予約)。

(松浦文子)

狛虎が守る毘沙門堂

DATA

宗 真言宗御室派 所 奈良県宇陀市大宇陀拾生(ひろう)736 電 0745-83-0325 交 近鉄榛原駅からバス「大宇陀」下車　徒歩約5分 拝 境内拝観自由 P 有(無料)

おふさ観音【おふさかんのん】　バラと風鈴の寺

地図ページ 24 T-1

　正式名は観音寺。JR畝傍《うねび》駅の南、かしはら万葉ホールの北にあります。本堂のあたりは、かつて鯉ヶ淵《こいがふち》という大池でした。慶安三年（一六五〇）四月の早朝、「おふさ」という娘が池のほとりを歩いていると、白い亀の背中に乗った観音さまが目の前に現れました。おふさは池のそばに小さなお堂を建て、お祀りしました。その観音さまは願いごとをかなえてくださると村人たちに篤く信仰され、「おふさ観音」と呼ばれるようになったと伝えます。明治時代になり、人々が協力して寄付を集め、現在の本堂が建てられました。厄除けやぼけ封じの祈祷など、人々の信仰によって守られてきたお寺です。寺では「美しい花々で参拝者の心を少しでも和《なご》ませることができれば」と、五月中旬から六月末、十月中旬から十一月末に「バラまつり」が開催されます。イングリッシュローズをはじめ約三千八百種・約四千株を超えるバラが境内一帯に咲き、「花まんだらのお寺」と呼ばれています。副住職の密門裕範《みつもんゆうはん》さんによると、最初は趣味で植えた五株のバラを見て、参拝者が「きれいだ」と喜ばれるのを見て「それなら境内一帯をバラで埋めつくそう」と考え、平成七年（一九九五）頃から毎年少しずつ増やして現在の姿となったとか。

七月と八月には「風鈴まつり」が開催されます。全国から集められた二千五百個を超える風鈴が、境内一帯に涼しい音を響かせます。風鈴の起源は、お堂の屋根の四隅に下げる風鐸《ふうたく》といわれます。風鐸から出る音は、魔をよけ厄を払うという思想が平安貴族に広がり、軒につるすようになりました。これが庶民の間でも広がり軒先につりさげられるようになったとのことです。（日野益博）

バラ園

DATA

宗 高野山真言宗 所 奈良県橿原市小房町6-22 電 0744-22-2212 交 近鉄大和八木駅からバス「小房」下車　徒歩約5分 拝 7:00～17:00　境内自由　本堂のみ300円 P 有（無料）

稱念寺【しょうねんじ】 今井発祥の寺は町とともに

地図ページ 24 U-1

浄土真宗本願寺派の中本山に列し、大和五ヶ所御坊の一つ、今井御坊です。天文十年（一五四一）今井兵部豊寿《ひょうぶとよじゅ》が興福寺荘園の大和の地に、一向宗進出の前線基地を置いたことに始まります。

寺を中心に四囲に環濠《かんごう》をめぐらした町割りを完成、町人たちと自衛の町を造っていきます。その後、織田信長の一向宗弾圧を和平工作で乗りきり、秀吉の時代には二代目鶴寿《かくじゅ》が再び武士と僧侶を兼帯。農業、商業の振興に力を注ぎ、町域をさらに拡大するとともに、堺の代官、伏見築城の作事奉行《さくじぶぎょう》として、寺勢を不動のものにします。

江戸時代、天領となって武士と僧侶の兼帯を解かれましたが、檀家衆の支えもあって、今井の核としての地位はゆるぎなく続いていきます。

明治十年（一八七七）二月、明治天皇が畝傍御陵に行幸、稱念寺に行在の十二日、西南の役勃発の報を受け急遽、帰京されました。

十三代住職・今井博道《はくどう》は全国町並み保存連盟の生みの親で、高度成長期の中「今井の町並みは保存すべき宝物」と説いて回った昭和の伝道師です。昭和四十九年(一九七四)木曽の妻籠《つまご》および名古屋の有松とともに、町並み保存を全国に呼びかけました。

その後今井町は平成五年(一九九三)に重要伝統的建造物群保存地区として選定されました。

十年がかりの平成の大修理を経て、お寺は今も町とともに歩んでいます。

(若林　稔)

平成の大修理前の稱念寺

DATA

宗 浄土真宗本願寺派 所 奈良県橿原市今井町3-2-29
電 0744-22-5509 交 近鉄八木西口駅から徒歩約10分
拝 6:00〜18:00、無料 P 無料

本薬師寺跡【もとやくしじあと】

畝傍山を背景に残る大礎石群

地図ページ 24 T-2

『日本書紀』によると、天武九年(六八〇)十一月、皇后(のちの持統天皇)の病気平癒のために天武天皇が発願し、藤原京右京八条三坊に建立された平城京の薬師寺の前身寺院で国の特別史跡です。畝傍《うねび》山の東に位置する本薬師寺跡は、二塔一金堂の伽藍配置(薬師寺式伽藍配置)や金堂と両塔の距離や堂塔の大きさが平城京の薬師寺と一致することから、往時の栄えた姿をうかがい知ることができます。

和銅三年(七一〇)の平城京遷都に伴い、養老二年(七一八)に平城京右京六条二坊に移されたのが、現存する薬師寺です。平城京移転後も、もとの場所には主要な伽藍が存続し、移転した薬師寺に対して本薬師寺と呼ばれました。その後、平安時代の中期以降、急速に荒廃したとみられます。

金堂跡の大きな礎石が連なる横に猿の石造物があり、ユニークな表情が見る人を癒やしてくれます。また東西の塔跡の土壇に登ってみると、東西塔間の距離感や伽藍の配置を感じることができます。

　周囲の休耕田には、約一万四千株ものホテイアオイが植えつけられ、花の咲く八月から九月にかけては、寺跡横に臨時駐車場も設けられます。ホテイアオイの涼しげな薄紫色の花は、本薬師寺跡の礎石や大和三山の景観ともよくマッチし、訪れる人々を楽しませてくれます。

　寺跡への訪問は、ホテイアオイの花の美しい夏の終わりから秋口にかけての時期がとくにおすすめです。

（岡田充弘）

畝傍山を望む東塔跡

DATA

所 奈良県橿原市城殿町279 電 0744-21-1115（橿原市観光政策課）交 近鉄畝傍御陵前駅下車　徒歩約10分 拝 見学自由 P 有（ホテイアオイ時期には臨時駐車場、それ以外は畝傍御陵前駅市営駐車場）

岡寺【おかでら】パワフルな開祖・義淵僧正

地図ページ 24 S-3

「正式には龍蓋寺《りゅうがいじ》という。飛鳥時代末か奈良時代初めに僧義淵《ぎえん》が国家安泰と藤原氏の繁栄を祈願して草壁皇子《くさかべのみこ》の宮跡に建立した寺院であるという」（検定本）。西国三十三所の第七番札所です。

龍蓋寺という名は、飛鳥の地を荒らし農民を苦しめていた悪龍を、義淵僧正がその法力で池の中に封じ込め大きな石で蓋をし、改心させたことからその名がついたと伝わっています。龍を封じ込めた池は現在も龍蓋池として境内にあり、蓋である大きな要石《かなめいし》をさわると雨が降るという言い伝えも残っており、昔は池の前で雨乞いの法要も行われたそうです。

義淵はわが国法相宗の祖として、門下に多くの高僧・名僧を輩出した仏教界の重鎮でした。東大寺初代別当となった良弁や大仏建立に尽力し大僧正となった行基、太政大臣禅師となった道鏡などです。

義淵は日本ではじめて僧正の位につくなど、実力は高く評価されました。

寺に伝わる義淵の肖像とされる坐像(木心乾漆造・国宝、奈良国立博物館に寄託)の額や頬、首などに深く刻まれた皺、太い眉に大きく見開いた眼など、その風貌からも傑僧ぶりがうかがえます。

さらに岡寺の本尊は巨大な如意輪観音坐像(重文)。塑像(土でできた仏像)としては日本最大で高さは四・八五メートルです。開祖も本尊もパワフルなお寺です。

(大江弘幸)

龍蓋池の遠景

DATA

宗 真言宗豊山派 所 奈良県高市郡明日香村岡806 電 0744-54-2007 交 近鉄橿原神宮前駅東口からバス「岡寺前」下車　徒歩約10分 拝 8:00〜17:00(3〜11月)、8:00〜16:30(12〜2月)、400円 P 有(民営駐車場)

弘福寺【ぐふくじ】（川原寺跡）日本初の写経場で写経体験

地図ページ 24 T-3

川原寺は、高市郡明日香村にあった寺で、飛鳥寺、薬師寺、大官大寺とともに飛鳥の四大寺の一つに数えられた大寺でした。七世紀半ば頃、天智天皇の時代に建てられ、天皇家とのかかわりが深い重要な寺であったにもかかわらず、不明な点が多い「謎の大寺」です。

その後、三度の火災により建物は焼失し廃寺となりますが、江戸時代中期に真言宗の弘福寺が中金堂跡に再建され、法灯が復活しました。

現在、川原寺跡は国史跡に指定され、多くの礎石(柱を支える石)が残っています。特に中金堂跡には、「めのう石」(白大理石)と呼ばれる飛鳥時代の白い礎石が二十八個残っています。

意外と知られていないのが、この寺で日本初の写経が行われたということです。『日本書紀』には、天武天皇の時代に川原寺に僧を集めて、日本で初めて写経をしたと書かれています。

現在、寺では皆さんが楽しんで取り組めるように様々な写経コースを用意しています。本尊の十一面観音像や、木造持国天・多聞天立像(ともに重文)、日本で三番目に古い十二神将像などが安置される本堂を拝観後、写経場に移動します。

ここからは、飛鳥京跡や甘樫丘など、飛鳥の素晴らしい景観が一望できます。日本人の心のふるさとと呼ばれる飛鳥の風景を間近で感じながら一心に般若心経を写経すれば、ふだんと違う自分にきっと出会えるはず。

日本初の写経場で、千四百年の時空を超えての写経体験はいかがでしょうか。

（露木基勝）

写経場

DATA

[宗]真言宗豊山派 [所]奈良県高市郡明日香村川原1109 [電]0744-54-2043 [交]近鉄飛鳥駅からバス「川原」下車すぐまたは近鉄橿原神宮前駅からバス「岡橋本」下車　徒歩約10分 [拝]9:00〜17:00　300円（写経場は予約優先　9:30〜16:00）[P]無

飛鳥寺【あすかでら】日本最年長の大仏さまは千四百歳

地図ページ 24
S-2

甘樫丘の東麓にある飛鳥寺は、飛鳥時代に建てられた日本初の本格的なお寺で、法興寺《ほうこうじ》、元興寺《がんごうじ》などの名前でも呼ばれてきました。仏教を敬い大陸の文化を積極的に取り入れようとした蘇我馬子によって建てられました。

発掘調査の結果、当時の寺の敷地は現在の約二十倍もの広さがあり、その広大な敷地に五重塔を中心として東西北の三方向に金堂が置かれ、建物は日本で初めての瓦葺だったことがわかっています。都が平城京に移ると、寺も現在の奈良市に移り元興寺となりますが、もとの寺と本尊は飛鳥の地に残されました。寺の西側には蘇我入鹿の首塚とされる五輪塔が残り、また境内には山部赤人の歌碑があります。

本尊は銅造釈迦如来坐像(重文)で、通称「飛鳥大仏」と呼ばれ親しまれています。面長な顔、アーモンド型の目、アルカイックスマイルと呼ばれる優しい笑顔が特徴です。当初は黄金色に輝く姿でしたが、長い年月の間に現在の黒っぽい姿に変わったものの、日本最年長の大仏さまに変わりはありません。

約千四百年もの長い年月の間、変わりゆく時代に身をまかせながらも、当初の場所から動かず、いまなおそこに座り続けている姿には、凛とした雰囲気が漂います。

寺のご厚意で、大仏さまを近距離から拝観・写真撮影させていただけるのも有難いことです。

大仏さまと対面すれば、数々の困難を乗り越えてきた人生の師匠に会えたような、安らかな気持ちになれることでしょう。


（露木基勝）

飛鳥大仏（銅造釈迦如来坐像）

DATA

宗 真言宗豊山派 所 奈良県高市郡明日香村飛鳥682
電 0744-54-2126 交 近鉄橿原神宮前駅東口からバス「飛鳥大仏前」下車すぐ 拝 9:00〜17:30（4〜9月）、9:00〜17:00（10〜3月）、受付はそれぞれ15分前まで　350円
P 有（有料）

橘寺【たちばなでら】　太子ゆかりの寺は不思議がいっぱい

地図ページ 24 T-3

橘寺は、明日香村橘にある天台宗のお寺です。この地は、垂仁天皇の命により田道間守《たじまもり》が持ち帰った不老不死の果物の実をまいたところ、芽をだしたのが橘だったという伝承から地名が橘と呼ばれ、橘寺の名前の由来になったといわれています。

寺伝によりますと橘の地は聖徳太子生誕の地で、橘寺は聖徳太子が建てた七ヵ寺の一つであり、本尊が重文・木造聖徳太子坐像であるなど、太子ゆかりの寺としてよく知られています。境内は国史跡に指定され、木造伝・日羅立像や木造地蔵菩薩立像などは重文に指定されています。

寺の始まりは、不思議の連続でした。推古天皇の命により、この地で勝鬘経《しょうまんぎょう》を三日間にわたって講義した聖徳太子でしたが、太子の冠から日・月・星の光が輝いたり(三光石)、空から大きな蓮の花が降ってきて庭に降り積もったり(蓮華塚)、南の山には千の仏頭が現れたり(仏頭山)など、不思議な現象が起こり、これに驚いた天皇の願いで太子が建てたのが橘寺です。

不思議といえば境内にある二面石。石の両側に善悪二つの顔が彫られた謎の石造物です。

人の心の二面性を表わしたものといわれていますが、造られた目的は不明です。

漫画『三つ目がとおる』（手塚治虫作）では、明日香村の謎の石造物である酒船石が、実は人を思うままに操る秘薬の製造具で、その製造法が二面石に書かれていました。二面石がまん中から二つに割れると、その内側にはびっしりと製造法が書かれていたというストーリーでした。

お寺の始まりも不思議がいっぱいでしたが、この二面石にも不思議がいっぱいです。

（露木基勝）

境内にある二面石

DATA

宗 天台宗 所 奈良県高市郡明日香村橘532 電 0744-54-2026 交 近鉄橿原神宮前駅または近鉄飛鳥駅からバス「川原」または「岡橋本」下車すぐ 拝 9:00〜17:00、受付は30分前まで　350円 P 有（無料）

威徳院【いとくいん】 明日香の隠れ寺へ、ようおまいり

地図ページ 22 O-5

明日香村で「尾曽《おおそ》の毘沙門《びしゃもん》さん」として、古くから多くの人々に信仰されている威徳院。飛鳥時代、日羅上人が祈り現れたとされる毘沙門天を祀ったのが始まりと伝わっています。

本尊の毘沙門天は秘仏で、毎年四月の第二日曜日だけ開帳され、法要が営まれます。本堂から北東の高台には四国をかたどった「四国八十八ヶ所霊場お砂ふみ道場」があります。その傍らに立つ空海の石像に見守られながら、霊場の砂が納められた蓮華の石板をめぐります。実際に四国八十八ヶ所をお参りしたのと同じご利益があり、お願い事の祈願もします。道場からは、畝傍山や二上山、天気が良ければあべのハルカスまで望むことができます。まさに明日香の「天空の里」です。

八月二十一日夜六時から始まる「空海祭り」では、お砂ふみ道場の四国の形が灯明で縁取られ、浮かび上がるなか、空海像のまわりに水をいれて灯籠流しが行われます。ご先祖供養のおまつりです。見下ろす先の奈良盆地の夜景は、まるで星々が地上に舞い降りたようです。

秋にはイチョウが黄金に色づき、空海像の光背の役割を担います。

道場に吹く明日香の風は、空海像からハルカスへ、そしてもっと遠くへと渡って行きます。

冬には、境内にある住職発案の大きな樽堂にも雪が降り積もり、静謐《せいひつ》な風景に心が浄化されるようです。

寺が大切にされている言葉「ようおまいり」には、感謝と歓迎、命を尊び祝福する、そんなたくさんの思いが込められています。


（松永佳緒莉）

お砂ふみ道場　（写真提供：威徳院）

DATA

宗 真言宗豊山派 所 奈良県高市郡明日香村尾曽267 電 0744-54-2702 交 近鉄飛鳥駅からバス「石舞台」下車　山道を徒歩約1時間 拝 境内自由 P 有（無料）

檜隈寺跡【ひのくまでらあと】 謎多い渡来人の氏寺

地図ページ 24 T-4

飛鳥駅の東南に檜前《ひのくま》（古代地名は檜隈）と呼ばれる地域があります。古代には、飛鳥と紀伊を結ぶ古道は紀路《きじ》と呼ばれ、とても重要な幹線路でした。檜隈はその玄関口にあたり、当時最先端の文化や技術が集まる場所で、そこを本拠地としたのが、古代の渡来系氏族の東漢氏《やまとのあやうじ》でした。大陸の最新文化や技術力を持つ東漢氏は、飛鳥時代の権力者・蘇我氏と結びつき、政治・外交・軍事面に大きな影響力を持っていました。

そんな東漢氏の氏寺が、明日香村檜前にある檜隈寺です。現在は国史跡に指定されている檜隈寺跡ですが、謎が多い寺です。

寺跡の入口に鳥居があり、於美阿志神社《おみあしじんじゃ》が建てられていることもその一つです。東漢氏の祖先の阿智使主《あちのおみ》を祭神とする神社で、明治時代に現地に移されてきたそうです。

寺の建物の並び方も謎だらけです。西向きに建てられていて、西側の中門を入ると正面に塔があり、南（右）に金堂、北（左）に講堂が立ち、正面の塔を囲むように回廊でつながっていたということがわかっています。ほかでは見たことがないような並び方ですが、なぜこのように建てられたのかは不明です。平安時代に造られた十三重石塔(重文)も境内に立ちます。

　異国から日本にやって来た渡来人には、多くの希望や苦悩があったことでしょう。檜隈寺跡に立ち、当時の渡来人がどういう思いでこの寺を建て、いかに生きようとしたのだろうかと想像力をめぐらせると、古代からのメッセージが聞こえてきそうな、そんな不思議が魅力の寺です。

(露木基勝)

檜隈寺跡

DATA

所 奈良県高市郡明日香村檜前594-1 電 なし 交 近鉄飛鳥駅から徒歩約15分 拝 境内拝観自由 P 無(近くに国営公園の駐車場あり)

壷阪寺【つぼさかでら】二つの観音霊験記

地図ページ 24 T-5

正式には南法華寺で、壷阪観音ともいいます。大宝三年(七〇三)に元興寺の僧、弁基上人が建立したと伝えます。西国三十三所観音霊場の第六番札所です。

ここは霊験あらたかな寺として知られています。清少納言は『枕草子』で「寺は壺坂、笠置、法輪」と筆頭に挙げています。人形浄瑠璃『壺坂霊験記』は「妻は夫をいたわりつ、夫は妻に慕いつつ〜」の名文句で象徴されるお里・沢市の夫婦愛と篤い信仰によって、自ら命を絶った二人が観音さまに救われるという有名な物語です。歌舞伎、講談、浪曲となり、語り継がれています。本堂の横手にはお里・沢市の像と、二人が身を投げたと伝えられる谷があります。

もう一つこの寺には、「さよ姫伝説」という観音霊験記があります。壷坂の村に住むさよ姫が亡父の十三回忌をつとめるため身を売って陸奥国に行き、そこで大蛇のいけにえに自分が求められていることを知ります。池の中島で待っていると、やがて大蛇が現れます。しかし、さよ姫がお経を読むと読経と親孝行の功徳により、大蛇は成仏を確信して歓喜、さよ姫を乗せて昇天します。

実はさよ姫は弁財天、大蛇は壺阪寺の観音菩薩だったというものです。このように信心があれば二世安楽間違いなし、と結んでいます。

この寺には、お釈迦さまが生まれてから悟りを開いて涅槃に入るまで、その一生を後世に伝える天竺渡来佛伝図レリーフ「釈迦一代記」があります。大きな石造の浮き彫りで、見ているだけでお釈迦さまの一生をたどれます。仏にまつわる様ざまな物語に触れることのできるお寺です。

（大江弘幸）

佛伝レリーフ

DATA

宗 真言宗 所 奈良県高市郡高取町壺阪3番地 電 0744-52-2016 交 近鉄壺阪山駅下車、バス「壺阪寺前」下車すぐ 拝 8:30〜17:00　600円 P 有（500円）

達磨寺【だるまじ】　達磨大師と雪丸

地図ページ 25 V-1

聖徳太子が関わったとされる寺院は数多くありますが、王寺町にある達磨寺もそのひとつです。『日本書紀』推古二十一年(六一三)の条に見える「片岡山飢人伝説」を由来として、聖徳太子創建の寺とされています。

太子が斑鳩から王寺片岡を経て河内国の磯長谷《しながだに》へ向かう途中、飢えて倒れた男を憐れみ衣服と食べ物を与え、また一首の和歌を詠みました。後日亡くなったことを聞き、墓を造り丁重に葬らせました。ところが数日後に飢人の遺体は衣服を残して消え去ったため、太子はその男が聖人であったことを知りました。

この人こそ達磨大師である、とする説が起きたことがこの寺の由来となりました。

寺には達磨寺古墳群とよばれる古墳時代後期(六世紀後半)に造られたとされる古墳が三基あります。平安時代の終わりには、そのうちの三号墳が達磨大師を葬った墓と考えられるようになり、さらに鎌倉時代には墓の上にお堂が建ちました。現在の本堂は、平成十六年(二〇〇四)

に建て替えられました。

聖徳太子が残した愛犬「雪丸」は人の言葉が理解でき、お経が読め、亡くなるときには「達磨大師のお墓の東北に葬ってほしい」と遺言したそうです。その愛くるしい雪丸像は、本堂の南西に祀られています。

この像をモデルに誕生したマスコットキャラクター「雪丸」は王寺町の観光・広報大使として、王寺町地域交流センター内の雪丸ミニプラザで会えます。雪丸は、最近ではドローンで空を飛んでいる映像で人気です。


（橋爪生雄）

本堂

DATA

宗 臨済宗南禅寺派 所 奈良県北葛城郡王寺町本町2-1-40 電 0745-31-2341 交 ＪＲ王寺駅から徒歩約15分 拝 10:00〜15:00　無料 P 有（無料）

尼寺廃寺跡【にんじはいじあと】　まぼろしの南北一対の廃寺

地図ページ 25 X-1

　JR和歌山線畠田駅から南西へ約十分歩くと、尼寺廃寺跡史跡公園があります。遺跡は香芝市と王寺町との境界にある香塔寺《こうとうじ》の東側にある「尼寺北廃寺」と、約二百メートル《メートル》南にある般若院境内の「尼寺南廃寺」の二つからなっています。公園は北廃寺を整備したもので、国史跡に指定されています。

　発掘調査の結果、金堂跡土壇の位置から北廃寺は東向き、南廃寺は南向きの法隆寺式伽藍配置であったことが確認されています。

北廃寺の塔の版築《はんちく》基壇には心礎《しんそ》を含む十三の礎石が残り、高さは薬師寺の塔とほぼ同じと推定されています。特記すべきは、心礎は日本でも最大級の約三・八メートル《メートル》四方で、心柱の添え柱の数は四つあり、法隆寺若草伽藍と同じです。

「寺の由緒についてはよくわからないが、聖徳太子建立の葛城尼寺とする説や、敏達《びだつ》天皇の孫の茅渟王《ちぬのおおきみ》とその一族による造営などの説がある。また、この北と南の遺跡について北遺跡を僧寺、南遺跡を尼寺と推定し、僧尼一対の寺院とみなす考えも提起されている」(検定本)。

尼寺廃寺跡史跡公園では、塔礎石を中心とした基壇と金堂の跡と推定される位置に基壇を設け、回廊跡を模したコンクリート床が周囲を巡っています。

公園内の学習館では塔心礎の模型や、発掘調査でみつかった舎利《しゃり》荘《しょう》厳《ごん》具《ぐ》の出土状況を復元展示しています。二上山博物館でも、心柱などを実寸大で復元した模型を展示しています。

(橋爪生雄)

北廃寺の塔跡と学習館

DATA

所 奈良県香芝市尼寺2丁目88 電 0745-77-1700(二上山博物館) 交 JR畠田駅下車徒歩約10分 拝 9:00〜16:30(尼寺廃寺跡学習館) P 有(無料)

阿日寺【あにちじ】恵心僧都源信の誕生寺

地図ページ 25 X-2

香芝市良福寺には、源信《げんしん》の誕生寺とされる浄土宗の阿日寺があります。寺は、源信が開基とされる斑鳩町の吉田寺《きちでんじ》とともに、本尊にお参りすれば周囲の人に世話をかけず安楽往生できる「ぽっくり往生の寺」として有名です。

この地で生まれ、恵心僧都《えしんそうず》と呼ばれた源信(九四二〜一〇一七)は、幼少期から比叡山延暦寺で修行を積み、高校の教科書にもよく出てくる『往生要集《おうじょうようしゅう》』を著わしました。この本は地獄のありさまや極楽往生の方法、すなわち浄土信仰の思想を書いたもので、当時貴族の間で多く読まれました。この本を参考に、極楽往生を遂げようと考えた人も多かったようです。この思想はその後、鎌倉時代の法然の浄土宗や、親鸞の浄土真宗などへと受け継がれていきました。

源信の母は非常に信仰の篤い人で、次のような逸話が残されています。

源信は十五歳のとき宮中で経典の講義をし、いただいた褒美の品を郷里の母に送ったのですが、母からは次のようにいましめる歌が送り返されてきたそうです。

「後の世を渡す橋とぞ思いしに世渡る僧となるぞ悲しき」（私はお前に後の世を渡す橋となってほしかったが、それを忘れてお前は自分の世渡りのために仏法を道具としているではありませんか）。

立派な僧になってもらうため、母は心を鬼にしてこのような返事をしたのでした。

源信は、母の言葉に従い、比叡山の横川《よかわ》にある恵心院で、念仏三昧の道を選んだといわれています。

（大山恵功）

山門

DATA

宗 浄土宗 所 奈良県香芝市良福寺361 電 0745-76-5561
交 近鉄五位堂駅から徒歩　約20分 拝 9:00〜12:00
志納（要予約、水曜休、毎年7月10日の恵心忌は予約不要） P 有（無料）

百済寺【くだらでら】 鎌倉時代の秀麗な三重塔

地図ページ 25 V-2

広陵町百済に広がる田園地帯のなかに、鎌倉時代中期に建てられた三重塔（重文）が秀麗な姿を見せる百済寺があります。境内は春日若宮神社と同じ敷地内にあり、三重塔と鳥居が同居する独特の風情があります。兵乱などにより記録の大半を失い、創建時期、経緯など不明な点が多いのですが、従来『日本書紀』舒明《じょめい》十一年（六三九）七月の条にある百済大寺《くだらおおてら》の後身とされてきました。近年、桜井市の吉備《きび》池から発見された吉備《きび》池廃寺が百済大寺であるとする説が有力になっていますが、「百済の名を残す当地が舒明天皇の事績に関連する可能性は消えていない」（検定本）ともいわれ、今後の調査が待たれるところです。

伝承によれば、弘仁十四年（八二三）空海がこの地にとどまり、三重塔を建立し本堂を修理して仏像を安置し、梵字《ぼんじ》池を掘ったと伝えられています。池は現存し、広陵町広瀬の与楽寺《ようらくじ》、田原本町秦庄の秦楽寺《じんらくじ》の梵字池とともに空海が掘った「三霊池《さんれいち》」とも呼ばれています。また鎌倉時代に源頼朝が熊谷直実《くまがいなおざね》の長子・直家を造寺奉行に任じ、三重塔を建立させたとも伝えられています。寺は戦国時代の兵乱などにより衰退しますが、室町時代から江戸時代にかけて多武峯《とうのみね》(現在の談山神社)領に属し、多武峯の僧徒らが寺院の破損を嘆き、力を合わせて修理を行っています。本堂は大職冠《たいしょくかん》と呼ばれ、談山神社の古社殿を移築し再建されたものです。かつては七堂伽藍の大寺であったと思われますが、明治維新頃には無壇無住のため廃寺となります。その後明治三十七年(一九〇四)再興されました。

(大山恵功)

三重塔

DATA

宗 高野山真言宗 所 奈良県北葛城郡広陵町百済1411
電 0745-55-1001(広陵町教育委員会文化財保存課)
交 近鉄大和高田駅からバス「疋相南口」下車　徒歩約30分 拝 2週間前までに要事前予約(広陵町教育委員会文化財保存課) P 有(隣接の百済寺公園　無料)

専立寺【せんりゅうじ】 地域住民が集う高田御坊

地図ページ 25 W-3

江戸時代からの古い街並みが今も色濃く残る大和高田市街は、北を近鉄大阪線、東をJR和歌山線、南を近鉄南大阪線、西を高田川に囲まれた町です。古くから交通至便の地で、大和五ヶ所御坊の一つ高田御坊と呼ばれた専立寺を中心に発展しました。

慶長五年(一六〇〇)に創建され、本願寺十二世准如《じゅんにょ》が開祖となります。享保七年(一七二二)には十七間四面の本堂、鐘楼、表門、対面所、庫裏が整い、正面石垣の上には築地塀が築かれ、浄土真宗寺院独特の町「寺内町」の遺構がみられます。

石垣の外に塀がめぐる城のような伽藍と、格式を表す五線の築地塀《ついじべい》でつながれた太鼓楼《たいころう》があります。「御坊の甍《いらか》が見えるところで商いをしたい」と周辺から多くの商人が移り住み、大和の中心的な商業の町として発展しました。

境内に保存の表門大屋根の旧鬼瓦は、当時の豪商たちの寄進によるものです。

かつて時刻を知らせるために打ち鳴らした太鼓は今も残され、「高田御坊の櫓《やぐら》の太鼓 叩きゃぼんと鳴りぼんと響く」と歌った詩人野口雨情《のぐちうじょう》の歌碑が当時の様子を伝えています。

現在専立寺は、「社会と向き合う寺院」をコンセプトに、境内や施設は文化活動の場としても開かれています。毎年二月の「本町どしろうと寄席」や「お盆万灯会」、秋の「報恩講」などの行事を通して、子どもからお年寄りまで交流の輪を広げています。地域とともにある専立寺は今も「高田の御坊さん」と親しまれています。

（道﨑美幸）

水彩画「専立寺表門太鼓楼」野沢寛《のざわかん》

DATA

宗 浄土真宗本願寺派 所 奈良県大和高田市内本町10−19 電 0745−52−5180 交 近鉄大和高田駅・高田市駅から徒歩約15分、ＪＲ高田駅から徒歩約10分 拝 事前に要連絡 P 有（無料）

當麻寺【たいまでら】 日本最古の仏像群と古代の三重双塔

地図ページ 25 X-3

飛鳥時代に聖徳太子の弟の麻呂古《まろこ》皇子が前身寺院を創建し、その孫の當麻国見《たいまのくにみ》が現在地に移したと縁起で伝わる當麻寺。当初は、弥勒仏を本尊とし、「最盛期の平安時代には白鳳・天平様式の伽藍堂塔と四十余房もの僧坊をもつ大寺院として発展」（公式ＨＰ）したといいます。平安時代に空海が滞在して真言宗となり、鎌倉時代以降は、中将姫伝説で知られる當麻曼陀羅と阿弥陀信仰が結合し、浄土宗の寺院としても信仰されるようになりました。

本堂（曼荼羅堂・国宝）に安置されるのが本尊・當麻曼陀羅（現在のものは室町時代に写されたもの・重文）で、中将姫が西方極楽浄土に行く様子を再現する聖衆来迎練供養会式《しょうじゅらいごうねりくようえしき》が毎年四月十四日に行われます。

金堂（重文）には、本来の本尊・弥勒仏坐像（国宝・白鳳時代＝飛鳥時代後期）が祀られ、日本最古の塑像とされます。周囲を守護する四天王立像（重文・白鳳時代）は乾漆像《かんしつぞう》としては日本最古で、髭が特徴です。多聞天のみ木造で鎌倉時代の後補です。金堂の南に立つ八角形の石灯籠

（重文）は、白鳳時代に製作された日本最古の石灯籠といわれます。

　當麻寺には日本で唯一、古代の三重塔が東西両塔で残っています。東塔は奈良時代末期と推定される当寺最古の建物で、西塔は平安時代初期です。

　しかし平成二十九年（二〇一七）の西塔修理時に確認された舎利容器は、飛鳥時代後期のものと推定されており、西塔の創建も飛鳥時代で、その後再建された可能性も考えられます。

（楠田英雄）

當麻曼陀羅・平成本（奥院《おくのいん》蔵）

DATA
宗 高野山真言宗、浄土宗 所 奈良県葛城市當麻1263
電 0745-48-2008（奥院） 0745-48-2004（護念院） 0745-48-2202（西南院） 0745-48-2001（中之坊） 一年ごとに寺務職を持ち回り 交 近鉄当麻寺駅から徒歩約15分
拝 9:00～17:00　500円 P 無（周辺に市営・民営あり）

石光寺【せっこうじ】　日本最古とされる弥勒石仏と花の寺

地図ページ 25 X-2

二上山の麓、古代から大和と河内を結ぶ竹内街道にも近い、緩やかな丘の上に石光寺はあります。聖武天皇の世に、中将姫が境内にある井戸で蓮糸を染め、當麻寺本尊の蓮糸曼荼羅を織ったという伝説から井戸を「染の井」といい、「染寺」ともいいます。また約三百六十種約二千株のボタンが咲き「ボタン寺」とも呼ばれ親しまれています。本尊は木造阿弥陀如来坐像です。

創建は「天智天皇の時（六七〇年頃）、この地に光を放つ三大石があったため、勅願して弥勒菩薩を彫刻させ、役小角《えんのおづぬ》を開基として寺を建立させたことに始まるという」（検定本）。

「長い歴史の中で所在が不明であった弥勒石仏が、平成三年（一九九一）、弥勒堂改築にともなう発掘調査により発見されました。白鳳時代の瓦や塼仏《せんぶつ》とともに弥勒石仏の頭部と胴が出土しました。破損した状態でしたが、二上山の凝灰岩を丸彫りした白鳳時代の『日本最古の石仏』といわれています」（公式ＨＰ）。

幸いなことに大半が残っている頭部と目と耳、形がよく残っている胴、腕、掌などを拝観することができます。

この石仏は年二回(一月一日～末日と四月二十日～五月二十日)に弥勒堂で開帳されます。

境内には、中将姫ゆかりの「染の井」と「糸掛桜」、与謝野晶子や鉄幹などの歌碑があり、また寒ボタン、春ボタンをはじめ、ウメ、シャクヤク、サルスベリなど四季折々に花が咲き、「関西花の寺二十五ヵ所」の第二十番札所となっています。

(平越真澄)

日本最古の弥勒石仏

DATA

宗 浄土宗 所 奈良県葛城市染野387 電 0745-48-2031 交 近鉄二上神社口駅から徒歩約15分 拝 8:30～17:00　400円(11/25 ～5/25のみ) P 有(無料)

船宿寺【せんしゅくじ】あふれる花に迎えられる里と寺

地図ページ 25 W-5

船宿寺は御所市の南部、国道二四号から少し東に入った山麓にあります。「神亀《じんき》年間（七二四～七二九）に当地を訪れた行基が夢で老人の託宣《たくせん》を聞き、東の山中にある舟形の大岩に薬師如来を祀ったことに始まるといい、平安時代には空海が留錫《りゅうしゃく》したといわれる」（検定本）。

参道には江戸時代、御所市から葛城市にわたる地域で詠まれた漢詩集『葛城三十八景詩集』の一編、「船路井桜《せんじいおう》」の石碑があります。地元団体「かづらき煌《きらめき》ネットワーク」が建てました。

「関西花の寺二十五ヵ所」の第二十二番札所で、ヒラドツツジの寺として知られています。ツツジの時期に訪れると、入口にあたる船路の集落では、オオデマリが迎えてくれます。道を歩いていくと、こぶし大の真っ白い花がいっぱい、道の両側を彩ります。

山門に向かうゆるやかな坂道の両側にはツツジの刈り込みが続き、境内に入ると道が見えないほどの花で埋めつくされています。本堂前の広場から眺める金剛山地の山並みも、とてもきれいです。四月下旬からキリシマツツジが咲き、ついでヒラドツツジが咲きます。五月下旬から六月上旬のサツキまでの約三ヵ月間、境内は赤、ピンク、白など、多彩な色にあふれる花園となります。

毎年五月三日には満開のツツジのなかで「花まつり法要」「柴燈護摩《さいとうごま》供養」が営まれ、その後、本尊・薬師如来坐像（秘仏）がこの日だけ特別開扉されます。本堂の奥には「シャクナゲ園」があります。五月上旬にはシャクナゲも見頃を迎えます。奥山に向かう道沿いに、淡いピンク、濃いピンク、白などの花が華やかに咲きます。あふれる花に迎えられる里と寺です。

（鉄田憲男）

ツツジの咲く参道　（写真提供：船宿寺）

DATA

宗 高野山真言宗 所 奈良県御所市五百家（いうか）484 電 0745-66-0036 交 近鉄・JR御所駅からバス「船路」下車　徒歩約10分 拝 8:00〜17:00　400円 P 有（300円）

吉祥草寺【きっしょうそうじ】 炎に祈る茅原の大トンド

地図ページ 25 V-3

茅原《ちはら》という地は葛城山を真西にあおぐ場所にあり、その名は金剛・葛城山麓から流れ出る葛城川の恵みを受けて一面に茅《かや》が生い茂っていたところから生まれたといわれています。「役小角《えんのおづぬ》生誕の地に創建したという。延喜二年（九〇二）に醍醐寺の開山である理源大師《りげんだいし》聖宝《しょうぼう》が勅を奉じて再建、中世には大峯修験《おおみねしゅげん》の隆盛とともに栄え」（検定本）、多くの子院をかかえる大寺となりましたが、貞和五年（一三四九）の兵火によって全焼しました。本堂は応永年間（一三九四〜一四二八）の再建といわれます。

茅寺では毎年一月十四日、元日以来二週間かけて行われる修正会《しゅしょうえ》の結願《けちがん》の日の行事として「茅原の大トンド」が行われます。

高さ約六<ruby>トル<rt>メー</rt></ruby>を超える雌雄一対の大松明を豪快に焼き尽くす行事で、大松明を作るには藁《わら》・茅・竹・柴《しば》・藤蔓《ふじづる》・松などを使い、すべて玉手と茅原の両区民の共同作業で作られます。

修験道の寺院と農村行事が結びついた県内でも珍しい大規模なトンド行事が、人々の信仰と祈願によって継続されていることに、大きな意味がありそうです。

吉祥草は「釈迦が悟りを開いたとき、菩提樹の下にこの草を敷いて座した」といわれ、俗に「花が咲けば、植えている家に吉事がある」と伝えられています。

そして修験道の祖といわれる役小角が伊豆配流から許されて故郷の茅原に帰ったとき、吉祥草の花が咲き乱れたともいわれています。

トンドの炎に託されるさまざまな願いが、一つでも多くかないますように。

（橋本　厚）

雌雄一対の大松明

DATA

宗 本山修験宗 所 奈良県御所市茅原279 電 0745-62-3472 交 JR玉手駅から徒歩5分、近鉄御所駅からバス「茅原」下車すぐ 拝 9:00〜17:00 無料 P 有（無料）

円照寺【えんしょうじ】 御所まち巡りと巨大瓦

地図ページ 25 V-3

ＪＲ御所《ごせ》駅から東南の方向に広がる町並みは「御所まち」と呼ばれています。江戸時代初期に、行政の中心施設として設置された陣屋を中心に町並みが形成され、葛城川を挟んで商家が軒を連ねた西御所と、寺院を中心に発展した東御所に分かれています。

東御所の中心寺院が、浄土真宗大和五ヵ所御坊の一つ、御所御坊とも呼ばれる円照寺です。天文十五年（一五四六）笑雲上人（桑山源吾）によって開かれ、天保の初め（一八二〇年代）に入母屋造本瓦葺《ほんかわらぶ》き、総欅《けやき》造り、間口十一間の大本堂が建築され、現在の寺内町の町並みへと発展します。

境内には、建築当初から本堂の屋根の両端を飾った獅子口《ししぐち》（瓦）が当時の姿そのままに設置・保存されています。

獅子口の特徴は、本来、檜皮葺《ひわだぶ》きや柿葺《こけらぶ》きなどの屋根の棟重《おも》しとして発展してきたことから、驚くような大きさと重さがあります。境内で、実際の獅子口の迫力を体感してみてください。

寺には近世御所の生んだ偉人・浅田松堂《しょうどう》の墓があります。松堂は江戸時代中期の企業家で、大和木綿の改良に注力し、久留米絣《がすり》や伊予絣のもとになった大和絣（御所絣とも）を発明したことで知られています。

寺を訪れる際には、御所まち巡りもあわせて楽しみたいものです。

背割り下水と環濠、登録有形文化財の中井家住宅、遠見《とおみ》遮断と呼ばれる曲った路地、梲《うだつ》を上げた重厚感のある家々など。江戸時代からの歴史を積み重ねてきた、どこか懐かしい町並みが広がります。

（橋本厚）

本堂と屋根の獅子口

DATA

宗 浄土真宗本願寺派 所 奈良県御所市東向町1490
電 0745-62-2833 交 ＪＲ玉手駅から徒歩約15分、ＪＲ御所駅から徒歩約20分 拝 境内自由　無料 P 無

阿吽寺【あうんじ】 巨勢山のつらつら椿

地図ページ 25 V-5

巨勢《こせ》の道は、飛鳥から巨勢谷を経て紀州へ続く古道です。廃寺跡や古墳もあり、ツバキなど季節の花も楽しめるコースです。しかし古代には「直《ただ》に来ず越ゆ巨勢道から岩瀬踏みなづみぞ吾が来し恋ひてすべなみ(巨勢道を岩を踏み越えて来ました、あなたに恋焦がれて)(万葉集⑬三二五七)」と詠まれたように、険しい道でした。

巨勢の地は古代豪族巨勢氏の本拠地で、その氏寺の巨勢寺に二百戸を封すと『日本書紀』天武天皇紀に記されています。平安時代に巨勢川が氾濫し、阿吽法師に救われた里人が、巨勢寺に子院を構え居住を請うたのが阿吽寺の始まりと伝わります。

室町時代に全焼して以来荒廃しましたが、明治十三年(一八八〇)に仮堂を建て、昭和六十年(一九八五)に再建されたのが現在の阿吽寺です。旧巨勢寺の礎石も利用されています。

巨勢といえば思い出される万葉歌があります。「巨勢山のつらつら椿つらつらに見つつ偲《しの》はな巨勢の春野を(万葉集①五四)」。持統上皇の紀伊白浜行幸に従った坂門人足《さかとのひとたり》が詠んだ歌です。

阿吽寺の本殿横のツバキの下に、犬養孝氏揮毫の歌碑があります。ツバキは古代には聖なる木として兵器にも使われ、土蜘蛛《つちぐも》(反逆者たち)を倒したと『日本書紀』景行天皇紀にあります。有名な東大寺開山堂の糊こぼし、白毫寺の五色椿、伝香寺の散り椿の大和三名椿《ちん》は、その気高さに、地上に落ちた花弁を踏むのもためらいます。阿吽寺境内のツバキは、咲くも散るもお天気任せの天真爛漫な花のように身近に感じます。

(田原敏明)

万葉歌碑

DATA

宗 単立 所 奈良県御所市古瀬361 交 JR・近鉄吉野口駅から徒歩約10分 電 0745-62-3346(御所市観光協会) 拝 無料、本堂拝観は要予約3,000円(30人まで) P 有

安楽寺【あんらくじ】　珍しい塔婆と沙羅の樹

地図ページ 25 V-4

県内を歩くと難読地名によく出会います。「五百家」（御所市）や「蛇穴」（同）はどう読むでしょうか。「いうか」「さらぎ」が正解です。安楽寺のある「稲宿」も難読で「いないど」と読みます。

安楽寺の歴史は、聖徳太子の草創とされる葛城寺《かつじょうじ》にさかのぼると伝わります。中世までは大伽藍を誇りましたが、永年にわたる損壊や腐朽《ふきゅう》により堂宇の大半を失い、衰退しました。江戸時代中期の火災により、本堂と庫裏《くり》は現在地に移されました。昭和五十八年（一九八三）に再建され、周辺住民の菩提所として維持されています。

本堂から一五〇㍍《メートル》離れた高台に「安楽寺塔婆《とうば》」がぽつんと建っています。優美な姿ですが、この塔婆はもとの三重塔の初重が残ったものです。江戸時代前期の延宝八年（一六八〇）、破損が著しかった二重め、三重めと相輪を降ろし、初重を宝形造りの屋根で覆って改造されました。現在は「大日堂」とも呼ばれています。建立当初の部材が残る三手先《みてさき》組み物や長押《なげし》などは、ありし日の三重塔や往時の伽藍をしのばせてくれます。

塔婆は昭和三十六年(一九六一)に重文に指定されました。

本堂境内周辺に百本あまりの沙羅《さら》(ナツツバキ)の木が植えられています。『平家物語』に「祇園精舎の鐘の声、諸行無常の響きあり、沙羅双樹の花の色」と載る沙羅の木の寺として、最近は女性に人気のスポットです。梅雨頃に白い花をつけると、わずか一日で散ります。まさに「ただ春の夜の夢の如し」の風情です。

(田原敏明)

安楽寺塔婆(大日堂)

DATA

宗 高野山真言宗 所 奈良県御所市稲宿1084 電 0745-67-0154 交 近鉄葛(くず)駅から南へ徒歩約15分 拝 本堂拝観は要連絡　境内・塔婆は自由 P 有(無料)

転法輪寺【てんぽうりんじ】 途絶えた法灯 廃寺からの復活

地図ページ 25 X-5

標高一一二五メートルの金剛山山頂付近に静かに立つ転法輪寺。創建は天智四年(六六五)、山岳宗教の開祖とされる役小角《えんのおづぬ》は、十六歳のとき金剛山で感得した法起菩薩《ほうきぼさつ》を本尊に、この山の祖神・一言主神《ひとことぬしのかみ》を鎮守として、神仏習合の霊山としました。

寺名の金剛山転法輪寺は「役行者が金剛山で修験道を開き、説法を説いた初めての寺」を意味します。ここは葛城修験道の根本道場です。冬の霧氷や樹氷もよく知られています。

修験者憧れの道場として、また歴代天皇の勅願所として、明治の初めまで大いに栄えた転法輪寺を明治維新の嵐が襲います。神仏分離令・修験道廃止令により葛木《かつらぎ》神社だけを残し、転法輪寺は廃寺となりました。

修験道発祥の本拠地であったため、寺は跡形もなく徹底的に破壊されました。

昭和二十五年(一九五〇)役行者千二百五十年遠忌を契機に再興事業が始まり、本堂が落慶すると、次は金剛錬成会が発足、登山回数記録制度も始まりました。「回数登山の金剛山」の誕生です。ロープウェイが開通し、山はかつての賑わいを取り戻しました。

本尊の復刻・遷座と前後し、山伏集団「司講《つかさこう》」を結成、葛城修験道再興への第一歩が踏み出され、ついに金剛葛城の峰に法螺貝《ほらがい》の音が戻りました。

住職からのメッセージは、「あなたは山が好きですか、花や木や鳥や雲は好きですか。好きだとお答えになった方々はすでに、修験の道を歩いているかもしれません」。

(長谷川由美子)

転法輪寺の霜月祭《しもつきさい》

DATA

宗 真言宗醍醐派 所 奈良県御所市高天472 電 0721-74-0873 交 南海・近鉄河内長野駅からバス「金剛山ロープウェイ前」下車、ロープウェイで山頂へ、徒歩約30分。近鉄富田林駅からバス「千早ロープウェイ前」下車、ロープウェイで山頂へ、徒歩約30分 拝 無料 P 無

榮山寺【えいさんじ】　天平の栄華を伝える八角堂

地図ページ 27 d-4

榮山寺は、藤原不比等の長子であり、藤原南家の祖・藤原武智麻呂《むちまろ》が父母の菩提を弔うため、養老三年(七一九)に創建したと伝わります。南北朝時代には、南朝の後村上・長慶・後亀山天皇の行在所《あんざいしょ》が置かれ「栄山寺行宮跡《あんぐうあと》」として国史跡に指定されています。

境内に入るとすぐに国宝の梵鐘《ぼんしょう》があります。四面に菅原道真の撰、小野道風の書と伝えられる陽鋳《ようちゅう》(鋳出された凸文字)の銘文があります。

本堂(重文)には永享《えいきょう》三年(一四三一)作で寄木造りの本尊・薬師如来坐像(重文)が祀られています。ほの暗い本堂の中で、まばゆいばかりの金箔に圧倒されそうな美しさ、金色に輝く玉眼からは慈愛の光があふれています。

創建当初から秘仏として守られてきましたが、今は年に二回の特別開扉で拝観できます。

境内一番奥には武智麻呂の子・仲麻呂が父母の菩提を弔うために建立した、国宝の八角堂がありります。連子窓《れんじまど》と四方板扉、端正な軒の組物など、凛とした美しさが漂う天平時代を代表する貴重な建物です。内陣には、八角形に面取りをした四本の柱、四角形の身舎《もや》(内部の構造物)。剥落《はくらく》が激しいものの天井や柱には装飾画が残っています。

藤原南家の栄華の残像を伝える貴重な仏画で、建物とは別に重文に指定されています。

裏山には武智麻呂の墓(国史跡)があり、眼下の音無川(吉野川)は深い瑠璃色の水をたたえ、巡りゆく季節を静かに水面に映しています。

(松永佳緒莉)

凛としたたたずまいの八角堂 (写真提供:榮山寺)

DATA

[宗] 真言宗豊山派 [所] 奈良県五條市小島町503 [電] 0744-54-4738 [交] JR五条駅から徒歩約25分 [拝] 通常予約拝観料400円　9:00〜17:00(受付〜16:30)本尊特別開扉あり(春季・秋季)500円 [P] 有(無料)

金剛寺【こんごうじ】　花の寺と祈りの鐘

地図ページ 27 e-4

訪れる人を山門の梵鐘が迎えてくれる金剛寺。その歴史は古く、承安年間（一一七一～一一七五）に平重盛が建立したと伝わります。山門をくぐると、枯山水の庭、萱葺《かやぶき》の庫裡《くり》（住職の住居）があります。江戸時代の末から明治時代にかけて唐招提寺の長老が隠居寺として住み、後世の人材育成の場としました。庫裡には長老隠居の間が今も残っており、その部屋から枯山水の庭を眺めることができます。

「関西花の寺二十五ヵ所」の二十三番霊場で、四月下旬には「ぼたん祭り」が始まります。オオヤマレンゲ、ハナミズキ、シラフジ、アヤメなどが咲き競うさまは、まさに百花繚乱。端午の節句のころには、新緑の金剛山、たくさんの鯉のぼりが並ぶ吉野川を借景に、約百種類約一千株の「百花の王」ボタンが咲き誇ります。

寺は西国薬師第九番札所でもあり、本尊・木造薬師如来坐像は、白檀《びゃくだん》の一木造りで、平安時代末の作と伝わります。境内が馥郁《ふくいく》たるキクの香りに包まれる十一月三日の「菊薬師会式《きくやくしえしき》」では、キクの花に荘厳《しょうごん》された本尊と、「善の綱」を通じて縁を結ぶことができます。

　山門の梵鐘は、宝暦十二年（一七六二）の「十万人寄進の梵鐘」です。「達者で暮らせるお薬師さん」として、多くの人に愛され親しまれてきた寺ならではの梵鐘です。

　八月の広島・長崎の原爆記念日および終戦記念日には、平和への祈りを込めて撞《つ》かれ、優しく柔らかい鐘の音が空に響きます。

（松永佳緒莉）

金剛寺山門

DATA

宗 高野山真言宗 所 奈良県五條市野原西3-2-14 電 0747-23-2185 交 ＪＲ五条駅からバス「金剛寺」下車すぐ 拝 8:30～17:00　300円　※ぼたん園開園時期350円（ぼたん祭りは四月二十日～五月下旬） P 有（無料、ぼたん園開園時期は有料）

櫻井寺【さくらいじ】　近代建築に秘められた激動の歴史

地図ページ 27 e-4

奈良・和歌山を結ぶ国道二四号と十津川方面に向かう国道一六八号が交差する五條市本陣交差点の北東に、櫻井寺があります。天暦五年(九四二)櫻井康成の創建と伝わります。

幕末の文久三年(一八六三)八月、尊王攘夷の断行を祈願するため、孝明天皇の大和行幸が計画されました。倒幕急進派の中山忠光、吉村寅太郎らが中心となった天誅組(天忠組)は、行幸の先駆けとして五條代官所を襲撃、櫻井寺に本陣を置き、五條御政府と称しました。

その直後京都の政局が一変、尊王攘夷派が破れ大義名分を失った天誅組は、高取城攻撃にも失敗し、追討軍に追われて吉野の山中を逃走、最後は東吉野村周辺で壊滅しました。

明治維新のわずか五年前のことでした。境内には、五條代官・鈴木源内ら五人の首を洗ったという石の手水鉢が残されています。

境内には、松尾芭蕉が吉野の桜を詠んだ句碑が立っています。墓地には、近くの五條新町に生家跡がある茜屋《あかねや》半七がモデルとされる人形浄瑠璃・歌舞伎の演目「艶容女舞衣《はですがたおんなまいぎぬ》」に登場する三勝《さんかつ》と半七の比翼《ひよく》塚があります。

昭和四十二年(一九六七)国道の改修に伴い、寺は改築されました。現在の本堂は、昭和の名建築家・村野藤吾の設計です。

庭園は、庭園研究者・作庭家の森蘊《おさむ》によるもので、門前には書家の中村素堂による「天誅組本陣跡」の標石が立てられています。

山門や鐘楼、本堂など鉄筋コンクリートの近代建築ですが、激動の歴史を感じさせる寺院です。本堂前で合掌してから、拝観しましょう。

(大山恵功)

山門

DATA

宗 浄土宗 所 奈良県五條市須恵1-3-26 電 0747-22-3165 交 JR五条駅から徒歩約10分 拝 無料(境内自由) P 有(無料)

生蓮寺【しょうれんじ】　蓮を五感で楽しむ

地図ページ 27 f-4

生蓮寺は平安時代初期、嵯峨天皇の美貌の皇后(檀林皇后《だんりん》として知られる橘嘉智子《たちばなのかちこ》)がめでたく懐妊した一方で苦悩しているとき、安産祈願のため当寺に地蔵菩薩を安置したのに始まるといいます。のち空海が高野山開創のとき寺に立ち寄り、小地蔵を彫刻し本尊胎内に籠入・安置し、そのとき重ねて開眼供養したと伝わります。

山号の寄足山《よらせざん》は、その縁によるものだそうで、今も高野山への立ち寄り寺として知られています。また空海が高野山に向かうとき、道中の「晴れ祈願」をしたことから、「晴れ祈願のお地蔵さん」としても知られています。整った顔立ちの地蔵像で「よらせの地蔵さんにべべ着せて奈良の大仏婿に取る」と歌われました。寺は平安時代から鎌倉・室町時代にわたる大般若経六百巻を所蔵しています。副住職の高畑公紀さんは子供のころから動植物が好きで、筑波大学、京都大学大学院で生物学を研究され、現在は生蓮寺でハスを研究しています。

境内では約百二十種類のハスが大鉢で育てられ、六月中旬から八月末まで花を咲かせます。

通常、花は八月のお盆前に落花するので品種改良を加え、お盆から九月頃まで花が楽しめる「生蓮寺蓮」も作り出されました。ハスは見て楽しみ、育てて楽しみ、香りを楽しみ、肌にも良い、お茶にして飲んでも良いとのこと。文字通り、ハスを五感で楽しむということです。ハスの写真をたくさん載せ、育て方も載せた著書『五感で楽しむ蓮図鑑』（淡交社）も出されました。高畑副住職によりますと「ハスは枯れても、また春になれば新たな芽が出てきます。まさに生命の再生です」。（松森重博）

蓮の花に囲まれた生蓮寺

DATA

所 奈良県五條市二見7-4-7 電 0747-22-2218 交 JR大和二見駅から徒歩7分 拝 9:00～17:00 P 有（無料）

念仏寺【ねんぶつじ】 春をよぶ大松明の炎

地図ページ 27 f-5

念仏寺は鎌倉時代の初頭、真言宗の寺として創建されました。本堂は陀々堂《だだどう》とよばれ、屋根は萱葺《かや》きの宝形造《ほうぎょう》り、堂内は板張りで、堂の正面には厨子に入った木造阿弥陀如来立像が安置されています。

この陀々堂で毎年一月十四日、国の重要無形民俗文化財に指定されている行事「鬼はしり」が行なわれます。父(赤い鬼)と母(青い鬼)と子(茶色の鬼)の三匹の鬼が、堂内で燃え盛る松明を掲げる勇壮な火祭りです。鬼役は行事に先立って一週間も前から身を清めて松明を作り、その松明の炎で無病息災・五穀豊穣・地域の安全を祈願します。

六〇㌔《キログラム》もある松明は、油をたっぷり含んだ松の根を桶に差し込んで作ります。よく燃えるように、また行事の途中で崩れたりしないよう慎重に作ります。

燃えあがる重い松明を持ち上げることは至難の業で、精進を重ねた父・母・子の鬼役は、地域の代表としてそれをやり遂げます。参詣者は鬼が掲げる松明の炎に自らの思いを託します。

「鬼は悪者のようにいわれますが、陀々堂の鬼は阿弥陀如来に仕える善鬼です。善鬼が人々の幸せを祈る行事が鬼はしりです。行事は鬼役、鬼を先導する火天《かって》、補佐する佐《すけ》、板壁を叩く棒打《ぼうだ》、ほら貝、鐘、太鼓が役割を分担して進めます。地域の多くの皆さんの協力で続けられています」とは念仏寺鬼はしり保存会会長・岩阪雅由さん。

行事に使われる鬼の面には文明十八年（一四八六）と墨書されていて、五百年以上も続けられていることがわかります。

（雑賀耕三郎）

松明を持ち上げる父鬼(赤鬼)

DATA

宗 真言宗 所 奈良県五條市大津町177 電 無 交 JR大和二見駅下車　徒歩約30分 拝 境内自由 P 有（無料）

金峯山寺【きんぷせんじ】 蛙飛びは修験道の象徴

地図ページ 27 d-2

役行者《えんのぎょうじゃ》を開基とする金峯山寺は、山号を国軸山といい、修験道の根本道場です。本堂の蔵王堂(国宝)は正面七間、側面八間、高さ約三四メートル、檜皮葺《ひわだぶき》の木造大建築です。蔵王権現像《ざおうごんげん》(重文)三体が安置され、本尊は高さ七メートルにもおよびます。

ここでは毎年七月七日、「蛙飛び」という蓮華会《れんげえ》の行事(県指定無形民俗文化財)が行われます。役行者が産湯を使ったと伝わる大和高田市奥田の捨篠池《すてしの》のハスを蔵王権現に献じる法会で、ハス取り舟に乗っておごそかにハス取りの行事(県指定無形民俗文化財)が行われます。

高田からハスを入れた桶が蔵王堂に着くと法要が行われ、一段落すると太鼓台に乗ってきた青蛙が堂の外陣に現れ、蛙飛びの作法がはじまります。

内陣では正面に大導師(金峯山寺管長)、その両側に向かいあって二人の脇師(護持院住職)が座を占めます。蛙は、両脇師から偈文《げもん》(仏・菩薩をたたえたことば)を授かり、最後に大導師から真言(真実の言説、仏のことば)・懺悔文《さんげもん》を授かり、これで蛙が人間に戻ります。

由来は、「高慢で神仏を侮っていた男が、蔵王権現や仏法をそしる暴言を吐いたところ、大鷲《おおわし》に連れ去られ断崖絶壁の上に置き去りにされた。通り合わせた金峯山の高僧が憐《あわ》れに思い、蛙の姿に変えて救い、蔵王堂で読経の功徳により、元の姿に戻された」というものです。

蛙飛び行事は一種の「験《げん》競べ」の作法と思われます。修験者《しゅげんじゃ》は、山岳に入って人を救うための験力《げんりき》を得るために厳しい修行をします。

蛙飛び行事は修験道を象徴する行事です。

（富田良一）

蛙飛び行事　（写真提供：吉野ビジターズビューロー）

DATA

宗 金峯山修験本宗 所 奈良県吉野郡吉野町吉野山2498 電 0746-32-8371 交 近鉄吉野駅から徒歩約40分 拝 8:30～16:00　500円（特別開帳時は別料金） P 有（無料）

如意輪寺【にょいりんじ】 南朝の悲しい歴史を残す

地図ページ 27 d-2

金峯山寺《きんぷせんじ》満堂派の寺院として、延喜年間(九〇一～九二三)に日蔵道賢が創建したと伝わります。後醍醐天皇の勅願寺でもあり、江戸時代の慶安三年(一六五〇)、鉄牛《てつぎゅう》が浄土宗に転宗しました。木造蔵王権現立像と厨子は重文に指定されています。

正平二年(一三四七)十二月二十七日、楠木正行《まさつら》が百四十三人の一族とともに後醍醐天皇陵に別れの拝礼を終わって、本尊・如意輪観音に詣でて髻《もとどり》を仏前におさめ、壁に姓名を書き連ねます。その末に鏃《やじり》で堂の扉に「かえらじとかねて思えば梓弓なき数に入る名をぞとどむる」との辞世の歌を残し、四条畷の戦陣に向かったことはあまりにも有名です。

御霊殿の門前にある正行の「楠左衛門尉髻塚碑」は慶応元年(一八六五)紀州の藩士・津田正臣の建立で、文は大和五條の森田節斎の作です。節斎は十数回も稿を改めてようやく書き上げましたが、門人等が争ってこの文を頒布しているうちに天下に流布されたといわれます。

碑文を読むと中臣鎌足と楠木正行を比較して「同じく国につくしながら一方は栄え、一方は衰え果てて見るかげさえない。しかしその精神においては何の変わるところがあろうか」と論じています。

本堂横には、楠木精神を体現し明治維新のさきがけを成した天誅組(天忠組)総裁の一人、藤本鉄石の碑があります。

如意輪寺の脇から石段を登ると、後醍醐天皇陵があります。この陵は天皇陵としては珍しく北向きに築造されていますが、これは「死して後も、魂は京都の天を望まんと思う」と言い残されたため、京都の方角を向いているのです。

(富田良一)

後醍醐天皇陵

DATA

宗 浄土宗 所 奈良県吉野郡吉野町吉野山1024 電 0746-32-3008 交 近鉄吉野駅から徒歩約40分 拝 9:00〜16:00(4月観桜期　7:00〜17:00)　500円 P 有(無料)

竹林院【ちくりんいん】

群芳園は大和三名園のひとつ

地図ページ 27 d-2

サクラの名所として全国的に名高い吉野山、その中千本エリアの一角に位置する修験道の単立寺院です。聖徳太子建立の寺との伝承がある一方、「弘仁九年（八一八）に空海が入山した際、道場を構えて椿山寺《ちんざんじ》と号したことに始まる」（検定本）とも伝わります。

南北朝合一の後、後小松天皇の勅命で竹林院と改称、近くの東南院、喜蔵院、桜本坊《さくらもとぼう》とともに大峯山寺護持院四院の一つとして重きをなしてきました。修験者の宿坊として古くから利用され、明治以降は与謝野晶子ら文人・墨客や一般旅行者の宿としても歩みを続けています。

境内の群芳園《ぐんぽうえん》は、當麻寺中之坊（葛城市）、慈光院（大和郡山市）の庭園とともに「大和三名園」のひとつです。室町時代後期、第二十一代院主・祐尊が大峯山の山容に似せた台形を築いて作庭した池泉回遊式庭園です。高台に上ると視界が広がり、吉野の山々や蔵王堂などを借景とするよう工夫されていることが実感できます。

豊臣秀吉の命を受けた千利休が、池の高台側にある奥庭に、中国の神仙思想に基づく不老不死の世界を表現した蓬莱《ほうらい》石組を設け、桃山風に改めたとされます。

その後、秀吉が文禄三年（一五九四）に吉野山の花見を催す際には、当時の院主と親交があった細川幽斎（大名・文化人）が改修したと伝えられています。

約五十種の木々が約一万坪の園内に絶妙に配置されています。池に接して「天人之桜」と名付けられた古木やツバキ、アシビなどが早春から春にかけて庭をあでやかに彩り、晩秋には紅葉が高台をおおうように広がります。

（久門たつお）

桃山風の池泉回遊式庭園「群芳園」

DATA

宗 単立 所 奈良県吉野郡吉野町吉野山2142 電 0746-32-8081 交 近鉄吉野駅からバス「竹林院前」下車 すぐ 拝 8:00〜17:00 群芳園 400円 P 有（サクラの時期は有料）

本善寺【ほんぜんじ】　飯貝御坊は蓮如の創建

地図ページ 27 d-1

「飯貝《いいがい》に過ぎたるもの」の一つに数えられたのが飯貝御坊といわれた本善寺です。文明八年（一四七六）に本願寺八世蓮如が創建し、本願寺の一字をとって本善寺としました。吉野一帯は金峯山寺の支配下にあったため、たびたび衝突を繰り返しながらも、吉野・宇陀地方の本拠地として八十六ヵ寺を束ね隆盛を得ます。天正四年（一五七六）織田信長による石山本願寺攻めには兵糧を運び、日ごろ持つ鍬や鎌を刀や槍に持ちかえ応戦しました。しかし二年後、信長の命を受けた筒井順慶軍の攻撃にあって寺の堂宇は焼かれてしまいました。

対岸には伊勢街道が通り、江戸時代初期には紀州徳川家の参勤交代の道でもあり、眼下の吉野川には「桜の渡し」がありました。背に山を負う東西交通の要所で、宇陀や多武峰からは峠を越えなければ入れないという守りに最適な場所でもありました。

江戸時代中期、本堂、山門、鐘楼が再建され、築地塀を巡らせるなど、境内は徐々に整備されていきました。城を思わせるような景観は、今も変わりません。対岸の上市は、米屋、魚屋、畳屋、筏《いかだ》屋などが建ち並び本善寺の寺内町となっていきました。

境内には蓮如が好きだった桜がたくさん植えられています。花の頃、山門を入るや、本堂前の懐《おも》いの桜に魅せられます。夏は大きな緑陰を作り、涼しさを誘います。桜に蓮如の思いを重ねてください。

吉野産の木材をふんだんに使った立派な建物のひとつひとつに、本善寺の歴史が伝わってきます。


（前田景子）

蓮如をしのぶ「懐いの桜」と本堂

DATA

宗 浄土真宗本願寺派 所 奈良県吉野郡吉野町飯貝567 電 0746-32-2675 交 近鉄大和上市駅下車　徒歩約20分 拝 境内自由（無料） P 有（無料）

願行寺【がんぎょうじ】　吉野の木材と下市御坊

地図ページ 27 f-2

吉野で初めて浄土真宗を布教した存覚《ぞんかく》が亡くなった応安六年（一三七三）、遺骨を納め道場を建て秋野坊舎と呼ばれていた地を、応仁二年（一四六八）吉野入りした本願寺八世蓮如が、願行寺と名を改め吉野地方の布教拠点としました。

吉野川左岸の下市は吉野の玄関口で、吉野山岳地帯と奈良盆地を結ぶ要所です。吉野地方は、大半が森林で、室町時代から杉や檜の植林が始まりますが、山や森にいます神仏を祀る寺社造営に限って、伐採が許されていました。応仁の乱のあと山科本願寺建立に際して、吉野川流域に育った吉野材を筏に組み下流へと運びました。

その後も城や寺社の建築が増え、吉野材への需要は高まりました。物資が流れるように布教も広がり、願行寺は大和・近江・摂津に七十余ヵ寺の末寺を持ち、下市御坊と呼ばれました。

織田信長の石山本願寺攻めには飯貝の本善寺とともに戦いますが、筒井順慶軍に堂宇は焼かれてしまいました。

江戸時代に本堂が再建されますが、内陣と外陣《げじん》が同じ面になっているのは、僧侶と門徒が膝を交えて語り合ったという蓮如の「平座の精神」をあらわしています。のちに吉野の門徒は「吉野衆」として、本願寺で重きをなします。

「いにしえの心憂かりしみ吉野の今日は紅葉もさかりとぞ見る」。県の名勝・枯山水の庭にある歌碑は、吉野入りした蓮如五十四歳のときの歌です。願行寺がはじまった五百五十年前に、思いをはせることができます。

（前田景子）

山門

DATA

宗 浄土真宗本願寺派 所 奈良県吉野郡下市町下市2952 電 0747-52-2344 交 近鉄下市口駅から徒歩約20分 拝 8:00～16:00（夏季は～17:00まで） 500円、庭園見学は要予約 P 有（無料）

世尊寺【せそんじ】（比曽寺跡）　柔和なご本尊のいます寺

地図ページ 27 e-1

聖徳太子建立の寺の一つで、『日本書紀』にも記された比曽寺《ひそでら》跡に建つ世尊寺。寺域は国史跡に指定されています。

「史跡比曽寺跡」碑が立つ山門をくぐると、南大門跡や東塔・西塔の礎石が残ります。東塔は数奇な運命をたどり、豊臣秀吉により伏見城へ、さらに徳川家康により近江の三井寺（園城寺）に移建されて、重文として現存しています。

中門奥に世尊寺本堂があります。聖徳太子創建第七番霊場と伝わり、飛鳥・奈良時代には比曽寺とも吉野寺とも呼ばれました。その後の戦乱で破壊と再興を繰り返し、現光寺、栗天奉寺《りってんほうじ》と名を変え江戸時代に現在の曹洞宗世尊寺として再建されました。

本尊の阿弥陀如来坐像は、欽明十四年（五五三）に大阪湾で発見された光り輝く樟《くすのき》の大木で造られたと『日本書紀』にあります。以来、寺名は歴史の波に幾度か変わっても、本尊は様々な悩みを抱えた参拝者に寄り添い、いつも微笑みながら励まし続け「吉野路の微笑仏」と親しみを込めて呼ばれています。

作家の五木寛之は『百寺巡礼』の中で述べています。「仏像を美術品のように鑑賞したり、故事来歴《こじらいれき》にとらわれるのはむしろ邪念になるのではないか。仏像の前に立ちありがたいなという気持ちで拝むことが一番だろう」。世尊寺の本尊はまさにこのような仏さまです。

常ならぬ人の世に心が揺れるとき、微笑仏を拝み境内に咲き乱れるオオヤマレンゲなど季節の花々に囲まれて、心和らぐひとときを過ごしてはどうでしょうか。（田原敏明）

本尊・阿弥陀如来坐像

DATA

宗 曹洞宗 所 奈良県吉野郡大淀町比曽762 電 0746-32-5976 交 近鉄六田駅から徒歩約40分 拝 9:00～17:00 入山料100円　本堂拝観料300円 P 有（無料）

鳳閣寺【ほうかくじ】 理源大師と百貝岳の毒竜（大蛇）伝説

地図ページ 27 d-3

吉野山の南、黒滝村の百貝岳《ひゃっかいだけ》のふもとにあるこのお寺。「もとは真言宗醍醐派であったが、真言宗鳳閣寺派の本山として独立した。役行者《えんのぎょうじゃ》が創建したとされる。寛平七年（八九五）に理源大師聖宝《りげんだいししょうぼう》が真言院を建て、昌泰二年（八九九）に伝法灌頂を行った」（検定本）。

役行者が大峯山を開いて蔵王権現《ざおうごんげん》を感得し、修験の道場として全国の修験者の信仰を集める霊場となりましたが、役行者の没後約二百年、大峯山の信仰も次第に衰微し、しかも毒竜（大蛇）が道をふさぐに至って修験者もとだえ、さしもの霊場も名ばかりの存在になりました。

清和天皇の毒竜降伏の勅命を受けた聖宝は、大峯山再興のため降魔の剣を帯び、奈良で壮士を募りました。修験道の先達《せんだつ》であった箱屋勘兵衛も参加して、苦難をともにしました。

毒竜を誘い出すため、勘兵衛が法螺貝《ほらがい》を吹くと、その音は峰々に響き渡り、まるで百の法螺貝が一度に吹かれたかのような大きな音をたてました。誘い出された毒竜を聖宝が法力をもって呪縛し、勘兵衛がそれを二つに斬り退治しました。それから山の名は百貝岳と呼ばれるようになりました。毒竜の降伏後、大峯山頂の道場復旧の目的を果たした聖宝は鳳閣寺に戻り、後世の当山派大本山鳳閣寺との因縁が結ばれました。

ところで箱屋勘兵衛が奈良から通うときは、いつも聖宝の好物である餅や飯《いい》などを持参しました。聖宝は勘兵衛のことをたわむれに「餅飯殿《もちいいどの》」と呼んだことから、住んでいた町の名も餅飯殿《もちいどの》と呼ばれるようになったそうです。（富田良一）

本堂

DATA

宗 真言宗鳳閣寺派 所 奈良県吉野郡黒滝村大字鳥住90番地 電 無 交 近鉄下市口駅からタクシー利用(直近の林道まで)または西行庵から徒歩 拝 本堂外観のみ P 無

龍泉寺【りゅうせんじ】　山伏たちが集まる水行場

地図ページ 26 b-3

標高八〇〇<ruby>㍍</ruby>を越える山間の天川村にある修験道の寺で、白鳳年間に役小角《えんのおづぬ》（役行者）により開かれました。小角が大峯山で修行中、山麓の洞川《どろがわ》の岩の中に水の湧き出るのを見つけ、そこに八大龍王をお祀りしたのが始まりです。

この泉を「龍の口」といい、龍神の住む泉ということから「龍泉寺」と名付けられました。平安時代には理源大師聖宝《しょうぼう》により再興され、以来「大峯一の宿」と呼ばれ、大峯山（山上ヶ岳）の登山口となりました。

毎年五月三日の戸開《とあ》け式を皮切りに、全国の山伏や信者が天川村にやってきます。山伏たちは大峯山に入る前に必ず水行《すいぎょう》でその身を清め、山での安全を八大龍王に祈願します。それが本堂前にある「第一水行場」です。

男性は褌《ふんどし》で、女性は行衣を着用して行うのですが、夏でも冷たい水に体を浸している山伏の姿をまのあたりにすると、大峯山への道中安全を一緒に祈ってしまいます。

水行の後、山伏たちは法螺貝《ほらがい》を吹き「六根清浄《ろっこんしょうじょう》」と唱えながら西の覗《のぞき》や鎖場を経て大峯山に向かいます。

大峯山は今も女人禁制のため、女性は昭和三十五年に龍泉寺とともに開放された稲村ヶ岳に向かいます。

境内には滝行を行うことができる「龍王の滝」もあり、だれでも水行を行うことができます。山伏たちの姿も九月二十三日の戸閉《とじ》め式の日まで、その後は静かな寺になります。

龍泉寺のすぐ前にある洞川《どろがわ》温泉は、山伏たちが大峯山での修行の疲れをいやした温泉です。（首藤有希）

第一水行場

DATA

宗 真言宗醍醐派 所 奈良県吉野郡天川村洞川494
電 0747-64-0001 交 近鉄下市口駅からバス「洞川温泉」下車すぐ 拝 境内自由 P 有（無料）

大峯山寺【おおみねさんじ】

蔵王権現湧出の盤石が残る

地図ページ 26 a-3

大峯山山上ヶ岳の山頂に建つこのお寺。「大峯修験道の根本道場で、現在も女人禁制を守る霊場である。修験道の開祖といわれる役行者《えんのぎょうじゃ》が金剛蔵王権現《ざおうごんげん》を感得し、山上に祀ったことに始まると伝えられる」(検定本)。

本堂に隣接して、蔵王権現湧出《ゆうしゅつ》伝承を持つ盤石《ばんじゃく》があります。役行者《えんのぎょうじゃ》が金峯山《きんぷせん》を開いて千日の仏道修行をし、乱れた世に現れる魔物を降伏《ごうぶく》する尊像の出現を祈ったところ、まず釈迦が現れ、続いて千手観音、弥勒が現れた。しかし、いずれも悪世の人々を教化するには適当でないと退け、改めて祈ると盤石から青黒い憤怒相《ふんぬそう》の金剛蔵王権現が湧出したといわれています。

先に現れた釈迦・観音・弥勒はそれぞれ過去・現在・未来の三世の仏であり、最後に現れた蔵王権現はその三仏を本地とし、それらを一身に具現しています。

承平七年(九三七)の『聖宝《しょうぼう》僧正伝』には、醍醐寺の開山であり、修験中興の祖とも仰がれる理源大師聖宝が、金峯山に堂塔を建立し、如意輪観音と多聞天、金剛蔵王菩薩を造立したことが記されていますが、これは史実と考えられます。金剛蔵王菩薩は多聞天とともに、如意輪観音の脇侍《わきじ》または守護尊として造立されたのでしょう。

藤原道長の跡をたどって、寛治四年（一〇九〇）、藤原師通《もろみち》が金峯山詣でをしたとき、蔵王権現の前で埋経《まいきょう》（経文などを経筒に入れ埋めること）のあと、蔵王大石を参拝したという記事が『後二条師通記』に見えますが、この蔵王大石が蔵王権現が湧出した盤石と思われます。

（富田良一）

雄大な山岳地帯にたたずむ本堂（写真提供：天川村地域政策課）

DATA

宗 修験道 所 奈良県吉野郡天川村洞川703 電 0747-64-0001（龍泉寺） 交 近鉄下市口駅からバス「洞川温泉」下車、徒歩約2時間 拝 戸開（とあけ）式（5月3日）～戸閉（とじめ）式（9月22日）の期間 P 無

福源寺【ふくげんじ】　有馬温泉との深い縁

地図ページ 26 a-2

白鳳時代、役行者が開いたとされる福源寺は、吉野杉林がどこまでも続く山の中にあります。役行者像や役行者母公像も安置されています。

平安時代初め、文徳天皇の第一皇子・惟喬《これたか》親王は皇位継承が成らず、僧となりこの地に来られ、里人に木工技術を指導したと伝わっています。親王は木地師の祖となり、近くには「木地が森」という地名もあります。

建久二年(一一九二)中興の仁西《にんさい》上人は熊野権現に詣でたおり、「摂州有馬の奥に行基が建立した温泉があるが、今は荒れはてている。行って再興せよ」と夢のお告げを受けました。仁西はつつしんで受けましたが、有馬への道がわかりません。熊野権現にお尋ねしたところ「庭の木の葉に蜘蛛がいる。その糸の引くところに従って行け」とのことで、仁西は蜘蛛の糸に導かれて有馬へと向かいました。途中、蜘蛛の糸を見失い途方にくれていると翁が現われ「この木の葉が落ちた所が霊地である」と言い、一枚の葉を投げました。仁西は源泉をさらえ温泉寺を改修し、十二の宿坊を興しました。

福源寺の木造薬師如来像坐像は平安時代のもので、台座には修理された「元禄八年」の文字と「元有馬薬師之蓮台」の文字が見えます。これは有馬温泉寺の大火を逃れてここに移されたとされ、二つの土地の深い縁を物語っています。光背には十二神将像が配置されています。本尊の木造釈迦如来坐像も平安時代のもので、山仕事を生業《なりわい》とする里人たちにより守られてきた地域の寺です。

（前田景子）

本堂

DATA

宗 曹洞宗 所 奈良県吉野郡川上村高原902 電 0746-52-0104 交 近鉄大和上市駅からバス「湯盛温泉杉の湯」下車　徒歩約40分 拝 境内自由（無料） P 有（無料）

金剛寺【こんごうじ】 役行者ゆかりの本尊と後南朝の悲話

地図ページ 26 a-3

大滝ダム湖を左に見ながら国道一六九号を南へ。左折して橋を渡ると、その名も「神之谷《こうのたに》」という集落に入ります。ここにひっそりとたたずむのが金剛寺です。旧称を那迦寺《なかでら》とも大峯山上奥之院ともいいます。大峯山から飛来したという伝承のある本尊は「川上地蔵」「抛《な》げ地蔵」として信仰を集めています。和泉流狂言『川上』には、目の見えなかった人が地蔵に詣でて見えるようになったというくだりがあります。またこの寺は、後南朝《ごなんちょう》の悲史を伝える寺としても知られます。明徳三年（一三九二）の南北朝合一のあと、北朝と南朝が交代で天皇位につくという約束を破った北朝に対し、南朝の子孫や遺臣たちは、南朝復興運動を起こしました。

嘉吉三年（一四四三）南朝方は後花園天皇の暗殺を企てて御所に乱入（暗殺は未遂）し、三種の神器のうち剣と神璽《しんじ》（勾玉）を奪いました（禁闕《きんけつ》の変）。変のあと幕府軍によって首謀者たちが討たれ、剣は奪い返されましたが、神璽は南朝方に持ち去られたままでした。

長禄元年（一四五七）後南朝の本拠となっていた北山（上北山村）と三之公《さんのこ》（川上村）で、没落していた播磨赤松家の残党らが臣従するとみせかけて襲い、南朝の末裔の自天王(北山宮、尊秀王)と忠義王(河野宮)兄弟を殺害し、北朝方は神璽を奪回しました(長禄の変)。しかし自天王を崇拝する村人たちは、赤松の残党を追ってその首と神璽を奪還し、この寺に手厚く葬りました。

自天王の没後、その遺品の前で「朝拝式《ちょうはいしき》」(村指定無形民俗文化財)が、自天王即位の日にあたる二月五日に毎年、この寺の境内で営まれています。

(鉄田憲男)

朝拝式で遺品を拝む

DATA

宗 高野山真言宗 所 奈良県吉野郡川上村神之谷212
電 0746-52-0144(川上村教育委員会) 交 近鉄大和上市駅からバス「北和田口」下車　徒歩約30分 拝 境内自由 P 無

瀧川寺【りゅうせんじ】 南朝最後の皇子をしのぶ

地図ページ 26 a-4

奈良時代、吉野七龍泉寺とされた修験者専用の宿坊のひとつで、理源大師《りげんだいし》聖宝《しょうぼう》を開山に迎え、吉野大峯の修験道場となりました。

明徳三年（一三九二）の南北朝合一後、和睦の条件が守られなかったため、南朝方は嘉吉三年（一四四三）京の御所に乱入して三種の神器のひとつ神璽《しんじ》（勾玉）を奪い、吉野に持ち帰りました（禁闕《きんけつ》の変）。川上村に隠れ住んでいた後亀山天皇の玄孫《げんそん》（孫の孫）自天王（北山宮）は、神璽を奉じてこの寺を御所とし、弟の忠義王（河野宮）は川上村神之谷《こうのたに》に別れて身をひそめ、郷民に守られながら再起の機会をうかがっていました。

嘉吉元年（一四四一）には京の都で、六代将軍・足利義教《よしのり》が家臣の赤松氏に殺されるという嘉吉の変が起き、この事件で赤松家は没落します。神璽奪還と南朝の血統断絶を条件に、赤松家の残党が山伏や僧の姿で、言葉巧みに近づいてきました。宮の心をつかみ、仕えることを許されるや、ひそかに時を待ちました。

長禄元年（一四五七）十二月二日の粉雪の夜、この北山宮御所と神之谷御所が襲われます。あわてて応戦しますが突然のことで、二人の宮はあえない最期をとげました。自天王は享年十八歳。神璽はのちに京に届けられ、赤松家は再興となります。

自天王の墓が境内にあり、宮内庁の管理下にあります。毎年十二月二日は自天王をしのび法要を行います。法灯を守る大谷良心住職は「平服でどなたでもお参りください」と。

（前田景子）

本堂

DATA

宗 曹洞宗 所 吉野郡上北山村小橡（ことち）228 電 0746-83-0066 交 近鉄大和上市駅からバス「河合」下車　徒歩約20分 拝 境内自由（無料） P 有（無料）

浄瑠璃寺【じょうるりじ】　九体の阿弥陀さまの寺

地図ページ 28 i-3

奈良市から京都府木津川市に入ってすぐ、当尾《とうの》の里に浄瑠璃寺はあります。周辺は古来、南都（奈良）仏教の聖地として、大寺の僧が世俗の喧噪を離れ修養や研鑽のため行き来した地域でした。

木造薬師如来坐像（重文）とそれを祀る三重塔（国宝）、九体の木造阿弥陀如来坐像（国宝）・木造吉祥天立像（重文）とそれを祀る本堂（国宝）、宝池を中心とした庭園が、平安時代のままにたたずんでいます。

境内に入ると、左手に東の薬師仏を祀る三重塔、宝池をはさんで対岸である西に九体の阿弥陀仏を祀る本堂があります。

浄瑠璃寺は九体寺ともいわれます。現在、九体の阿弥陀仏は平成三十年（二〇一八）から五年計画で順次、金箔の修理などの修復を施しています。寺名は創建時の本尊、薬師仏の浄土である「浄瑠璃世界」からつけられました。その世界とは澄み切った静寂と清浄の世界で、境内はとても静かです。

参拝は、まず東の薬師仏をまつる三重塔にお参りして、宝池の対岸にある本堂をはるかに拝み、宝池の周りを歩いて、そのあと西の本堂をお参りするのが順序です。

境内には春はアセビ、サンシュユ、サクラ、夏はアヤメ、アジサイ、サルスベリ、フヨウ、秋はハギ、紅葉、柿、冬はセンリョウ、マンリョウ、スイセンなどが楽しめ、花の寺としても知られています。

近くの岩船寺への道もおすすめです。


（松森重博）

宝池対岸の本堂

DATA

宗 真言律宗 所 京都府木津川市加茂町西小札場40 電 0774-76-2390 交 JR加茂駅からバス「浄瑠璃寺前」下車すぐ、JR・近鉄奈良駅からバス「浄瑠璃寺前」下車すぐ 拝 9:00〜17:00（3〜11月）、10:00〜16:00（12月〜2月）400円 P 無（民営駐車場有）

岩船寺【がんせんじ】 当尾・石仏の道の花の寺

地図ページ 28 i-3

岩船寺は奈良市から京都府木津川市に入ってすぐ、当尾《とうの》の里にある古刹です。かつては浄瑠璃寺、随願寺（廃寺）とともに三重塔などの塔が尾根をなしていたことから「塔尾」と呼ばれ、いつしか「当尾」となったそうです。南都（奈良）仏教の影響を強く受け、興福寺や東大寺にいた高僧や修行僧が隠棲《いんせい》しました。

今はモクレンやアジサイなど四季折々の「花の寺」と呼ばれる岩船寺へは、浄瑠璃寺から約一・七㌖の石仏の道をたどるのがお薦めです。石仏・磨崖仏の多くは鎌倉・室町時代のもので銘のあるものも多く、季節ごとに手軽なハイキングが楽しめます。

門前には、鎌倉時代の作といわれる石風呂があります。当寺の最盛期三十九坊の僧がこれで身を清め本堂へお参りしたそうです。

石仏の道はゆるやかな登り坂ですが、足に自信のない人はバスで岩船寺まで行き、拝観後、寺の左手から道を下るのが良いでしょう。

江戸時代の『岩船寺縁起』には、聖武天皇の勅願により行基が阿弥陀堂を建立、のちに空海と甥の智泉が報恩院を建立したのが草創とされ、その後、智泉の祈願で檀林《だんりん》皇后に皇子が誕生したことで、堂塔伽藍が整備されました。

鎌倉時代に報恩院を移して本堂とし、最盛期を迎えましたが、承久の乱(一二二一)やその後の兵火により多くを焼失しています。江戸時代の末期までは興福寺の末寺でしたが、明治十四年(一八八一)に西大寺の末寺となりました。

(豊田一雄)

境内の阿字池と本堂

DATA

[宗] 真言律宗 [所] 京都府木津川市加茂町岩船上ノ門43 [電] 0774-76-3390 [交] JR加茂駅から木津川市コミュニティバス「岩船寺」下車すぐ [拝] 8:30〜17:00(3月〜11月)9:00〜16:00(12月〜2月)500円 [P] 有(民営駐車場)

海住山寺【かいじゅうせんじ】 恭仁京跡が望める古寺

地図ページ 28 i-1

平城京から恭仁京《くにきょう》に遷都したのは天平十二年（七四〇）。聖武天皇の勅願により、良弁《ろうべん》僧正が天平七年（七三五）に創建したのがこの寺の始まりと伝わります。その後この寺は焼失しましたが、承元二年（一二〇八）、笠置寺の解脱上人貞慶《げだつしょうにんじょうけい》やその弟子によって再興され、海住山寺と名づけられました。

寺には本尊・木造十一面観音立像をはじめ、数多くの重文があります。境内の南側に建つ国宝の五重塔は、建保二年（一二一四）に完成し、鎌倉時代の五重塔としてはわが国唯一のものです。建築史の上では、塔の中心を貫く心柱《しんばしら》が初層で止められていることや、裳階《もこし》が初層に付けられている点が特筆すべき点です。

また当寺の南一〇キロ圏内にある浄瑠璃寺と岩船寺の三重塔、およびこの五重塔は合わせて「加茂の三塔」と呼ばれ、よく知られています。

五重塔と対面する位置にある文殊堂と本堂の間を通り抜け、西へゆるやかな坂道を上るとやや開けた台地に出ます。南方向を眺めると、それが『万葉集』にも詠まれた瓶原《みかのはら》で、恭仁京の置かれたところです。わずか四年間の都でしたが、よく知られる「国分寺・国分尼寺建立の詔」は、この恭仁京で発せられました。

当寺は標高二〇〇㍍《メートル》ほどの山の中腹に立地するため、徒歩での登りの道は決して楽ではありません。

しかし、ひととき奈良時代へのタイムスリップを味わえるお寺です。

（大久保衞）

五重塔（国宝）

DATA

[宗] 真言宗智山派 [所] 京都府木津川市加茂町例幣（れいへい）海住山20 [電] 0774－76－2256 [交] ＪＲ加茂駅からバス（平日のみ）「海住山寺口」下車　徒歩約20分、ＪＲ加茂駅からタクシー約10分 [拝] 9:00～17:00　400円（特別公開時は別料金） [P] 有（拝観申込者対象、無料）

笠置寺【かさぎでら】　お姿のみえない仏さま

地図ページ 28 g-2

　笠置寺には巨大な二つの磨崖仏《まがいぶつ》があります。一つは笠置寺の本尊である巨石に描かれていた弥勒磨崖仏。もう一つは今も見事な線刻が残る伝虚空蔵《こくうぞう》磨崖仏。二つの磨崖仏はともに来歴が謎に包まれていますが、このあたり一帯の巨石群は約千三百年といわれる笠置寺の激動の歴史をじっと見続けていたに違いありません。

　その歴史は「弥生時代には、岩そのものが神となり、奈良時代に東大寺お水取りの起源といわれる『正月堂』が建立され、また、山岳信仰の修行場となりました。平安・鎌倉時代には、末法思想の広がりにより、弥勒菩薩の霊場として、京の都からの『笠置詣で』が行われ、南都仏教界の高僧・解脱上人を迎え、最盛期となりました。しかし、後醍醐天皇・南朝の都となり、幕府方との戦乱の地となり全山焼亡」(公式ＨＰ)と伝わります。

　その戦乱の大火の影響で、本尊の巨石に描かれた弥勒仏のお姿がなくなってしまったのではないかといわれています。弥勒仏は釈迦入滅後五十六億七千万年後に現れ、衆生を救済するといわれる仏さまです。今はお姿の見えない仏さまですが、この巨石の前に立てば、何か不思議な力で守られているような気がします。

笠置寺の境内地には、今でも修験道の行場の雰囲気が随所に残り、山頂付近からは山間に沿って流れる木津川の雄大な流れが楽しめます。

そして、木津川を上流にたどれば、奈良県宇陀市の大野寺の磨崖仏に行きつきます。この磨崖仏は笠置寺の弥勒磨崖仏を模したといわれており、川でつながった不思議なご縁を感じます。

（橋本　厚）

弥勒磨崖仏

DATA

宗 真言宗智山派 所 京都府相楽郡笠置町笠置笠置山29 電 0743-95-2848 交 JR笠置駅　徒歩約45分 拝 9:00～16:00　300円 P 有　500円

あとがき

和辻哲郎著『古寺巡礼』百周年の年にあたり、この『奈良百寺巡礼』を企画しました。当会が関わった書籍としては、『奈良「地理・地名・地図」の謎』『奈良の「隠れ名所」』(いずれも実業之日本社刊)に次ぐ三冊目となりますが、書き下ろしで本を作るのは今回が初めてでした。

約四百人の会員から執筆希望者を募りますと、四十二人の手が挙がりました。着手したのが昨年(平成三十年)十一月、そこから説明会、取材、写真撮影、執筆、校閲、お寺への確認と、年末年始のあわただしい時期に作業を進めました。関わった編集委員も八人にのぼりました。

奈良まほろばソムリエの会は、奈良の歴史通が集まる団体で、「インプット(知識の習得)よりアウトプットを!」が合い言葉です。社会貢献活動を目的としたNPO法人ですので、日頃は習得した知識を駆使してガイドや講演、文化財の保存・継承活動を行っており、今回は執筆という分野でアウトプットを図りました。

網羅的な記述ではなく、執筆者の感性で「これを念頭に置いてお参りしてほしい」と、ポイントを絞って書きましたので、他にあまり例のないユニークな本になったのではと自負しています。

これから奈良県や京都府南部のお寺をお参りされる方はもちろん、奈良のご当地検定である「奈良まほろばソムリエ検定」を受験される皆さんにも、格好の手引き書となることでしょう。

本書は、イオングループのご寄付による「奈良の文化遺産やまちなみの保全事業」をテーマとした「奈良県地域貢献サポート基金」（県くらし創造部青少年・社会活動推進課）からの助成金のおかげで、出版することができました。

末筆ながら快く取材や校正にご協力いただきました寺院の皆さま、イオングループの皆さまをはじめ、素晴らしい表紙絵を描いてくださったなかじまゆたかさん、京阪奈情報教育出版社長の住田幸一さん、粘り強く編集の労をおとりいただいた加藤なほさんに感謝申し上げます、ありがとうございました。

編集委員を代表して

NPO法人奈良まほろばソムリエの会専務理事　鉄田憲男

平成三十一年二月二十八日

編集委員（50音順）

石田一雄	橋本　厚
久門たつお	東田好史
鉄田憲男	福井　洋
豊田敏雄	松森重博

第1回編集委員会（平成30年11月15日）

筆者一覧（50音順）

池川慎一
石田一雄
稲田英二
大江弘幸
大久保衞
大山恵功
岡田充弘
小野哲朗
柏尾信尚
梶尾怜
梶原光恵
楠田英雄
久門たつお
倉本尚美
雑賀耕三郎
清水千津子
首藤有希
田原敏明
津山進
露木基勝
鉄田憲男
寺田麻美
富田良一
豊田一雄
長岡光彦
西川誠
橋爪生雄
橋本厚
長谷川由美子
波多江重人
日野益博
平越真澄
藤井哲子
前田景子
前田昌善
松浦文子
松永佳緒莉
松森重博
水間充
道﨑美幸
山﨑愛子
若林稔

カバーイラスト／なかじまゆたか

童話作家・画家
昭和25年(1950)大阪生まれ、奈良県橿原市在住。
社団法人日本児童文学者協会、財団法人日独協会などに所属。
幼いころからグリムなどの童話が好きで、童話や童画の創作を始める。平成17年(2005)、駐日ドイツ大使の招待でドイツを訪問、「日本におけるドイツ年」(ドイツ連邦共和国主催)で「グリムの国ドイツとなかじまゆたか展」の開催を依頼される。以後、国内各地で作品展を行っている。

京阪奈新書
お寺参りが楽しくなる　奈良百寺巡礼

2019年2月28日　初版第1刷発行
2019年5月30日　初版第2刷発行

著　者：奈良まほろばソムリエの会
発行者：住田　幸一
発行所：京阪奈情報教育出版株式会社
〒630-8325
奈良市西木辻町139番地の6
URL://narahon.com/　Tel:0742-94-4567
印　刷：共同プリント株式会社

ISBN978-4-87806-754-9

京阪奈新書創刊の辞

情報伝達に果たす書物の役割が著わしく低下しつつある中、短時間で必要な知識や情報の得られる新書は、多忙な現代人のニーズを満たす活字文化として、書店の一画で異例の繁栄を極めている。

かつて、活字文化はすなわち紙と印刷の文化でもあった。それは、人々が書物への敬意を忘れなかった時代でもあり、読書を愛する者は、知の深淵へと降りていく喜びと興奮に胸を震わせ、嬉嬉としてページを繰ったのだった。

日本で初めて新書を創刊した出版界の先達は新書創刊の目標として、豊かな人間性に基づく文化の創出を揚げているが、活字文化華やかしころの各社の新書の中からは、文化を創出する熱い志（こころざし）に溢れた古典的名著が数多く生まれ、今も版を重ねている。

デジタル時代の今日、題名の面白さに凝ったおびただしい数の新書が、入れ代わり立ち代わり書店に並ぶが、昨今の新書ブームには、アナログ時代の新書にはあった大切なものが欠落してはいないだろうか。

ともあれ、このたび我が社でも新書シリーズを創刊する運びとなった。

高邁（こうまい）な理想を創刊理念として掲げ、実際に人生や学問の指標となる名著が次々と生まれた時代への熱い思いはあるが、適度な軽さもまた、デジタル時代のニーズとしてとらえていくべきだろう。

とにもかくにも、奈良にどっしりと腰を据えて、奈良発の『知の喜び』を形にしてゆきたい。

平成二十九年　晩秋

京阪奈情報教育出版株式会社